中学基礎がため100%

できた! 中3国語

読解

KUMON

本書の特長と使い方

中3国語 読解

●「文法」「読解」「漢字」の3冊構成なので、目的に応じた学習ができます。

本シリーズは、十分な学習量による繰《く》り返し学習を大切にしているので、「文法」「読解」「漢字」の3冊構成となっています。

「読解」は、読解分野だけを取り上げて1冊にしているので、読解の基《き》礎《そ》を系統的に十分な練習量で学習することができ、学力を確実につけることができます。

本書の構成と使い方

本書は、力をつけるトレーニング部分（基本問題）と、力を試《ため》すテスト問題（標準問題・完成問題）とで構成されています。

一回分は見開き二ページで100点満点です。一回ごとにレベルアップした問題配列になっていますので、一問ずつ順番に取り組みましょう。

① **基本問題** … 単元（小説なら「場面をとらえる」など）の学習内容を、一問ごとに順を追って学習します。ここで「基本的な学習内容」を理解し、身につけましょう。

② **標準問題** … 単元の内容をあつかった総合問題です。標準レベルのテスト問題にチャレンジします。

②標準問題

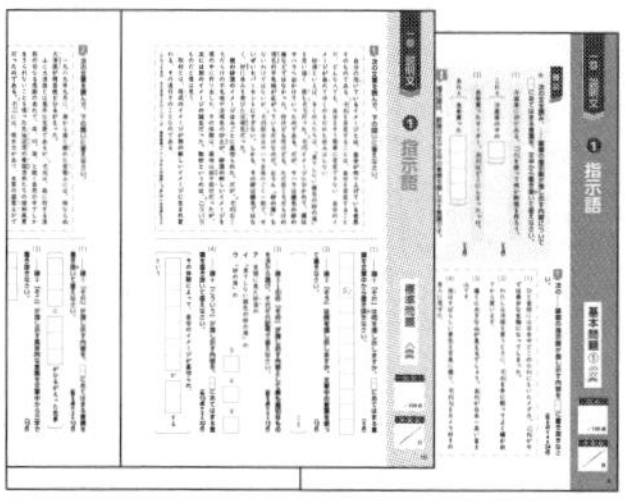

①基本問題

③ **完成問題** … 説明文や小説など、章の内容をあつかった総合問題です。標準レベルのテスト問題にチャレンジします。基本問題・標準問題で学習した事項《じこう》をあつかっていますが、文章が長くなっていますので、少し時間をかけて文章を読む必要があります。

③完成問題

【アイコンの説明】

確認 新しい内容の学習がスタートするところです。最も基本的な問題で確認《かくにん》して単元の学習をはじめましょう。

！ 各単元の学習ポイントや、必要な知識が整理してあります。

書いてみよう 書いて表現する力をつけるための基礎的な練習問題です。指定の字数はそれほど多くありませんので、ノートや原稿《げんこう》用紙を用意して書いてみましょう。別冊解答に文章例がありますので、書いたあとで参考にしてください。

※解答書は、本書のうしろにのり付けされています。引っぱると別冊になります。解答書と答え合わせをして、まちがえたところは「解説」のところをよく読んで直しましょう。

中3国語 読解 もくじ

「教科書との内容対応表」から、
自分の教科書の部分を切りとってここにはりつけ、
勉強をするときのページ合わせに活用してください。

1 指示語

確認

★次の文を読み、——線部の指示語が指し示す内容について□にあてはまる言葉を、文中から書き抜《ぬ》いて答えなさい。

(1) 冷蔵庫に卵がある。これを使って何か料理を作ろう。

これ＝〈冷蔵庫の中の□〉 (5点)

(2) 去年買ったセーター。あれはどこにしまったっけ。

あれ＝〈去年買った□□□□〉 (5点)

! 指示語は、前後の文や文中の言葉を指し示す言葉です。

	コ（近称《きんしょう》）	ソ（中称）	ア（遠称）	ド（不定称）	品詞
ものごと	これ	それ	あれ	どれ	代名詞（名詞）
場所	ここ	そこ	あそこ	どこ	
方向	こちら こっち	そちら そっち	あちら あっち	どちら どっち	
指定	この	その	あの	どの	連体詞
様子	こんな	そんな	あんな	どんな	＊形容動詞の語幹
状態	こう	そう	ああ	どう	副詞

＊「こんな」などを連体詞とみなす考え方もあります。

●指示語と同じ働きをする言葉には「これら・そのように・以上・前者」などもあります。

※□に書くときは、□の字数に合うように書きましょう。

基本問題①

得点　／100点

学習日　／　日

1 次の——線部の指示語が指し示す内容を□に書き抜きなさい。（各6点×4＝24点）

(1) ひと昔前には日本中どこの小川にもいたメダカ、これが今では希少な生物になってしまった。

(2) わたしは洋服を買うときに、それを手に取ってよく確かめてから買います。

(3) 遠くに大きな山が見えるでしょう。あれが日本一高い富士山です。

(4) 彼《かれ》はすばらしい景色を写真に撮《と》り、それらをカメラ好きの友人に見せた。

(1) 〈日本中の小川にいた□□□〉

(2) □□

(3) 〈遠くに見える□□□□〉

(4) 〈すばらしい景色の□□〉

2 次の――線部の指示語が指し示す内容を書き抜《ぬ》きなさい。

（各6点×6＝36点）

(1) 山里の小さな駅に着いた。今夜の宿はここからさらにバスで一時間程《ほど》かかる。

(2) ちょうど目の前にお店を見つけた。ここでお茶を飲もう。

(3) 様々な実験を積み重ねて、そこから新たな成果が生まれた。

(4) 家の近くに池があります。そこでわたしはいつも魚釣《つ》りをして遊んでいました。

(5) 駅前にパン屋がある。あそこのパンはおいしいと評判だ。

(6) 公園の裏にわたしが卒業した小学校があります。あそこは春になると桜が見事に咲《さ》きます。

(1) 山里の〔　　　　〕

(2) 目の前の〔　　　〕

(3) 〔　　　　　〕

(4) 家の近くにある〔　〕

(5) 駅前にある〔　　　〕

(6) わたしが卒業した〔　　　〕

3 次の――線部の指示語が指し示す内容を書き抜きなさい。

（各6点×5＝30点）

(1) 北海道に住んでいる友人から手紙が届いた。「こちらはもうすぐ、雪でも降りそうな寒さです。……」

(2) 草の上は気持ちがいいよ。君もこっちに来て座《すわ》らないか。

(3) 鈴木さん、今度の日曜日にお宅におうかがいしたいと思いますが、そちらのご都合はいかがでしょうか。

(4) まっすぐ行くと、遊歩道に出る。そっちの方が駅までの近道だ。

(5) カリフォルニアに留学している娘《むすめ》から手紙が届いた。娘の手紙によると、あちらの気候はとても快適らしい。

(1) 〔　　　〕

(2) 〔　　　〕

(3) 〔　　　　〕のお宅

(4) まっすぐ行くとある〔　　　〕

(5) 〔　　　　　　　〕

1 指示語

基本問題②

得点 ／100点

学習日 ／ 日

1 次の――線部の指示する内容を、□にあてはまる言葉を書き抜《ぬ》いて答えなさい。（各3点×6＝18点）

(1) 家の近所に、大柄《おおがら》なおじいさんが住んでいます。この人は昔、有名なオペラ歌手だったそうです。

(2) 高波がきて、沖で泳いでいた人がのみこまれそうになったその時、救助船が助けにかけつけて、危機一髪《ききいっぱつ》で難をのがれた。

(3) わたしがまだ小さかった頃《ころ》、クリスマスに父がサンタクロースになって、プレゼントをくれたことがあった。あの日のことは今でも楽しい思い出だ。

(1) □□に住んでいる大柄《おおがら》な□□□□□

(2) 沖にいた□が□□にのみこまれそうになった時

(3) 父がサンタクロースになって□□□□□をくれた□□□□□の日

2 次の――線部の指示する内容を、□にあてはまる言葉を書き抜いて答えなさい。（各6点×3＝18点）

(1) 今では情報がコンピューター回線を通じて世界中に伝わる。こんなことは昔の人には想像もつかなかったにちがいない。

(2) 自分のできることから始めよう。みんながそんな考えを持つことが、環境《かんきょう》破壊《はかい》を防ぐ近道になるだろう。

(3) なくしたものを手当たりしだいに探すらしいが、あんなやり方では、なかなか見つからないだろう。

(1) ようなこと

(2) という考え

(3) ようなやり方

3 次の――線部の指示する内容を、文章中から書き抜《ぬ》きなさい。（各8点×4＝32点）

(1) 二人とも自分の意見ばかり主張している。こうなっては、話し合いはつかないだろう。

(2) 人類は必要以上のエネルギーを消費しない努力をすべきだ。そうすることで自然とのバランスを保っていかねばならない。

(3) あきらめないでピアノの練習を続けなさい。そうすれば、きっと上手にひけるようになりますよ。

(4) 彼の父はすばらしい野球選手だ。ぼくも将来、ああなりたい。

(1) 二人とも［　　　　］状態になっては

(2) 人類が［　　　　］をすること

(3) ［　　　　］れば

(4) 彼の父のような［　　　　］になりたい

4 次の――線部の指示する内容を、書き抜きなさい。（各8点×4＝32点　※(4)は完答）

(1) 様々な病気は目に見えないものが引き起こす。平安時代の人々は、病気の原因をそのように考えたが、それは「病は気から」ということわざにも通じている。

(2) 水星・金星・火星・木星・土星、これらはすべて、地球をふくめ太陽の周りを回る惑星《わくせい》である。

(3) 祖父母、父、母、姉、そしてぼく、以上が我《わ》が家の家族構成だ。

(4) 同時にこの世に生を受けた双子《ふたご》の兄と弟。しかし、①前者は立派な牧師となり、人々の尊敬を集めたが、②後者は凶悪《きょうあく》な犯罪者となり、世間にその名をとどろかせた。

(1) ［　　　　］というように

(2) ［　　　　］

(3) ［　　　　］

(4) ①［　　　　］ ②［　　　　］

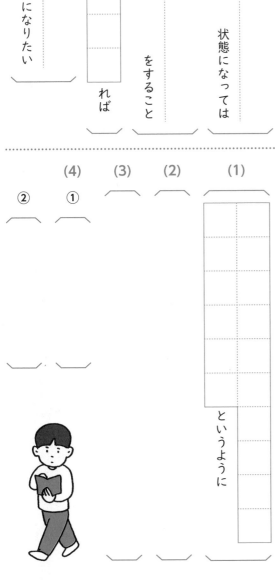

1 指示語

基本問題③

得点　／100点

学習日　／　日

1 次の――線部の指示する内容を、□の字数にしたがって、文章中から書き抜《ぬ》きなさい。（各6点×6＝36点）

1
いうまでもなく、事件の震源地《しんげんち》アメリカの受けた衝撃《しょうげき》は巨大《きょだい》でした。ニュースは瞬時《しゅんじ》ともいえる速さで広まりました。ある調査によれば、狙撃《そげき》が伝えられてからわずか一時間の間に、九割もの人が事件を知りました。そのうちの約半数は人づてに、他の半数はテレビやラジオでこれを知りました。

（平成14年度版　光村図書3年114ページ　池田謙一「マスメディアを通した現実世界」）

2
知識についた脂肪《しぼう》や鎖《くさり》の多くは情報です。わたしたちは、単なる情報にすぎないものも気軽に知識と呼び、それを記憶《きおく》したことで知識を身につけたと勘《かん》ちがいすることが多いのです。

（平成14年度版　教育出版3年186ページ　半田智久「情報社会を生きる」）

3
簡単なカメラを取り付けて撮《と》られた試験観測の初画像は、こうしたさまざまな努力が十分に報《むく》われたことを雄弁《ゆうべん》に物語っている。①そこに映っている鮮明《せんめい》な天体像は、人類が初めて目にするものも多く、②それを見る私たちの胸は、宇宙観測の最前線に立ったという喜びと興奮でいっぱいになった。

（平成14年度版　光村図書3年200ページ　小平桂一「宇宙を見渡す目」）

①

②

4
まずは、いろいろなメディアがもっている表現上の特徴《とくちょう》についてよく学び、それぞれのメディアの長所と短所を知ることだ。それによってわたしたちは、メディアを通じて流れてくる情報を単にそのまま受け入れるだけでなく、自分で積極的に解釈《かいしゃく》し直すことができるだろう。

（平成14年度版　三省堂3年33・34ページ　見城武秀「メディアとわたしたち」）

それぞれのメディアの□□□□□を□□□□

2 次の――線部の指示する内容を、文章中から書き抜《ぬ》きなさい。（各8点×8＝64点）

1

今日でも、幼稚園《ようちえん》や学校の運動会の前夜となると、母親は腕《うで》によりをかけて豪華《ごうか》な弁当を作ろうとする。それは「祭り」だからである。

（平成28年度版　学校図書3年119ページ　玉木正之「運動会」・『スポーツとは何か』より）

運動会の前夜に母親が＿＿＿＿こと

2

「情報」などとかぎかっこでくるといかにもテレビだけが秘《ひ》匿《とく》している特別なもののような感じがするが、そうではないのだ。何千万倍、何億万倍もある報道されなかった事実の中には、報道された事実よりももっと重要な情報もたくさんあるだろう。そう考えると、テレビで報道される事実がなんとなく貧弱《ひんじゃく》に見えてくる。

（平成14年度版　東京書籍3年106・107ページ　佐藤二雄「テレビとの付き合い方」・『テレビとのつきあい方』より）

事実の中には、＿＿＿＿事実よりももっと＿＿＿＿情報もたくさんあるだろうと考えると

3

ほんとうに真っ暗な所では、顔の前に自分の手をかざしても見えない、いわば自分の存在が視覚的に認められないのだが、①そんな事実も知っているだけで貴重だったのだ。真の闇《やみ》がどこにでもあった昔は、だれも②そんなものにありがたみなど感じなかったろうが、今、真の闇には希少価値がある。

（平成14年度版　東京書籍3年18ページ　乾正雄「夜は暗くてはいけないか」）

①　真っ暗な所では、＿＿＿＿が＿＿＿＿＿＿＿＿という事実

②　＿＿＿＿

4

いったい、何が始まるのだろう。ぼんやり見守っていると、コーンちゃんが手ですくったおかゆを、ひょいと男の子の口もとに近づけ、食べさせてやったのです。これには度肝《どぎも》を抜《ぬ》かれました。

（平成14年度版　三省堂3年54ページ　荒巻裕「平和を築く―カンボジア難民の取材から」・『いま、アジアの子どもたちは…』より）

＿＿＿＿こと

1 指示語

標準問題

得点　／100点

学習日　／　日

1 次の文章を読んで、下の問いに答えなさい。

自分の抱《いだ》いているイメージとは、自分が作り上げている世界そのものである。①それを否定することは、自分を否定することだ。どんな人でも、自分をそう簡単に否定できない。自分のイメージが崩《くず》れてゆくのをだれも好みはしない。

砂漠《さばく》といえば、多くの人たちは、「果てしない銀色の砂の海」を思い描《えが》く。僕《ぼく》も②そうだった。③そのイメージにひかれて、僕はサハラへ出かけていったのである。だが、サハラは銀色の砂の海などではなかった。行けども行けども、ただ石ころだらけの褐色《かっしょく》の不毛地が広がっているだけなのだ。むろん「砂の海」もないわけではないが、④その部分はサハラ全体のごく一部で、せいぜい七パーセントにすぎない。しかも、その砂は銀色ではなく、妙《みょう》に赤みを帯びた淡褐色《たんかっしょく》だった。

僕の砂漠のイメージはみごとに裏切られた。だが、⑤その石ころだらけの不毛地や淡褐色の砂丘《さきゅう》が、砂漠の新しいイメージを僕の中に作り出した。その体験は、最初は拍子《ひょうし》抜《ぬ》けだったが、次には別のイメージの誕生だった。取材というのは、⑥こういうものだと僕は思う。

取材とは、既成《きせい》のイメージが別の新しいイメージに生まれ変わる、その道行きのことなのである。

（平成14年度版　東京書籍3年98〜100ページ　森本哲郎「イメージからの発想」・『「私」のいる文章』より）

(1) ――線①「それ」は何を指し示しますか。□にあてはまる言葉を文章中から書き抜《ぬ》きなさい。（8点）

□□の□□□□□□□□□□

(2) ――線②「そう」は何を指し示しますか。文章中の言葉を使って書きなさい。（10点）

〔　　　　　　　　こと〕

(3) ――線③〜⑤の「その」が指し示す内容として最も適切なものを次から選び、それぞれ記号で答えなさい。（各5点×3＝15点）

ア 実際に見た砂漠《さばく》の

イ 「果てしない銀色の砂の海」の

ウ 「砂の海」の

③□　④□　⑤□

(4) ――線⑥「こういう」が指し示す内容を、□にあてはまる言葉を書き抜いて答えなさい。（各10点×2＝20点）

〔その体験によって、自分のイメージが裏切られ、

という□□□□□□□が□□する〕

2 次の文章を読んで、下の問いに答えなさい。

一九八九年九月に、海から遠く離《はな》れた室根《むろね》山には、時ならぬ大漁旗《たいりょうばた》が何百枚とひるがえった。

山に大漁旗とは意外な光景であるが、①それは、森に対する漁民の切なる感謝の表れで、森、川、海、と続く自然の中でしか生きられないことを悟《さと》った気仙沼湾《けせんぬまわん》の養殖《ようしょく》漁民たちの植林風景だったのである。②そこには、保水力があり、良質の腐葉土《ふようど》ができるブナ、ミズキなどの落葉広葉樹が植えられた。植林は毎年続けられ、今では③その数も八千本を超《こ》えた。④その地は「牡蠣《かき》の森」と命名されている。

漁民による植林がきっかけとなり、上流の森の民と下流の海の民との交流が深まっていった。上流の室根村の人たちは、大川《おおかわ》の土手の草を年二回刈《か》るが、今までは「雨が降ったら流れるからいいさ。」と土手の内側に放置しておいた草を、「今年からは片づけるようにしました。」と言う。子供たちから「朝シャンで使うシャンプーの量を半分にしました。」という便りなども続々と届いた。室根村の人々は、なるべく農薬を使わない環境《かんきょう》保全型農業に取り組み、漁民自身も海を汚《よご》さないよう注意するようになってきた。⑤そのためばかりでもないと思うが、うれしいことが起こり始めた。二十五年ほど前から姿を消していたメバルが、気仙沼湾に再び姿を見せるようになってきたのである。

（平成14年度版　教育出版3年91〜93ページ　畠山重篤「森は海の恋人」）

---

(1) ——線①「それ」が指し示す内容を、□にあてはまる言葉を書き抜《ぬ》いて答えなさい。（各5点×2＝10点）

〔　　　〕に〔　　　〕がひるがえった光景

(2) ——線②「そこ」が指し示す具体的な言葉を文章中から三字で書き抜きなさい。（10点）

〔　　　〕

(3) ——線③「その数」が指し示す内容を、□にあてはまる言葉を文章中から十字以上十五字以内（読点も含《ふく》む）で書き抜いて答えなさい。（10点）

〔　　　〕の数

(4) ——線④「その地」が指し示す内容を、□にあてはまる言葉を書き抜いて答えなさい。（各5点×2＝10点）

〔　　　〕たちが〔　　　〕した地

(5) ——線⑤「そのため」が指し示す内容と**合わないもの**を次から選び、記号で答えなさい。（7点）

ア　子供たちが朝シャンのシャンプーの量を減らしたこと。
イ　大川《おおかわ》の土手の刈《か》った草をそのまま放置しておくこと。
ウ　減農薬の環境《かんきょう》保全型農業に取り組むこと。
エ　漁民が海を汚《よご》さないよう注意すること。

〔　　　〕

2 接続語

確認

★次の[　]の文に続く A ・ B には、あとのどの文があてはまりますか。接続語に注意してそれぞれ選び、記号で答えなさい。（各10点×2＝20点）

現代は、さまざまなメディアが発達している。

だから、 A 。

けれども、 B 。

ア 中高生の活字離《ばな》れが起こるのだろうか

イ 本屋の場所がわからない

ウ 読書の大切さは変わらない

A [　]　B [　]

！「接続語」とは、前後の語句や文などのつながりを示す言葉です。

《接続語の働き①（順接《じゅんせつ》）》

・前の事柄《ことがら》が原因・理由になってあとの事柄が起きる。

→ **そこで**・**したがって**・**すると**・**だから** など。

《接続語の働き②（逆接《ぎゃくせつ》）》

・前の事柄と逆のことが、あとで起きる。

→ **しかし**・**ところが**・**だが**・**けれども** など。

基本問題①

得点　／100点

学習日　／　日

1 接続語の働きの説明を参考に、次の文の[　]にあてはまる言葉をあとから選び、記号で答えなさい。（各10点×4＝40点）

① **《接続語の働き③（並立《へいりつ》・累加《るいか》）》**

・前の事柄にあとの事柄を並べたり、付け加えたりする。

→ **そして**・**しかも**・**また**・**さらに** など。

日本人女性の平均寿命《じゅみょう》が八十五歳《さい》を超《こ》えた。さらに、[　]。

ア 男性の平均寿命《じゅみょう》も八十五歳《さい》に達しなかった

イ 男性の平均寿命も八十歳を超《こ》えた

ウ 男性の平均寿命は何歳だろうか

[　]

② **《接続語の働き④（対比《たいひ》・選択《せんたく》）》**

・前の事柄とあとの事柄を比較《ひかく》したり、選んだりする。

→ **あるいは**・**または**・**それとも**・**むしろ** など。

英会話を習得して、将来は通訳になろうか。それとも、[　]。

ア イギリスに移住しようか

イ イギリスには移住したくない

ウ イギリスに移住すればよい

[　]

③ 接続語の働き⑤（説明《せつめい》・補足《ほそく》）

・前の事柄《ことがら》についてわかりやすく述べたり、補ったりする。
→**つまり**・**例えば**・**なぜなら**・**ただし** など。

今日は文化祭だ。文化祭は重要な学校行事だから、全員出席しなければいけないんだ。ただし、□。

ア　部活に入っていないから関係ない
イ　部活をさぼって帰ってもいい
ウ　部活の対外試合がある者は例外だ

□

④ 《接続語の働き⑥（転換《てんかん》）》

・前の事柄とは話題を変えて、あとで別の事柄を述べる。
→**さて**・**ところで**・**では**・**ときに** など。

これで公害についての話を終わります。さて、□。

ア　何か質問はありませんか
イ　公害についての話を続けましょう
ウ　明日の話は公害についてです

□

2 □にあてはまる接続語をあとから選び、記号で答えなさい。（各10点×4＝40点）

① お年寄りに座席を譲《ゆず》った。□、たいへん喜んでくれた。

ア　だが　イ　すると　ウ　ところで

□

② 日本の経済がどうなるのか心配だ。□、楽観的に考えている人も多いようだ。

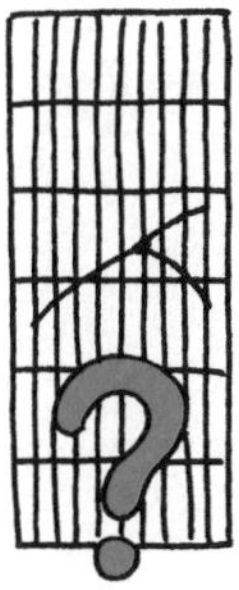

ア　さらに　イ　しかし　ウ　つまり

□

③ 世界が平和であることを願う人は多い。□、世界の人々が平等であるようにと願う人も多い。

ア　では　イ　また　ウ　けれど

□

④ この世で最大の悪、□戦争を永久になくさなければならない。

ア　または　イ　ただし　ウ　つまり

□

2 接続語

基本問題②

得点
／100点

学習日
／　日

1 次の文章を読み、あとの文章の□にあてはまる言葉を、文章中から書き抜《ぬ》きなさい。（各10点×4＝40点）

❶

一八七二（明治《めいじ》五）年に学制《がくせい》が定められて、まだ十年余り。当時の日本の学校は、就学率も低く、一校当たりの生徒数も少なく、農繁期《のうはんき》になると学校を休む生徒も多く、また運動場等の施設《しせつ》もなく、とても運動会など開ける状態になかった。そこで、いくつかの学校が集まって「連合運動会」を開催《かいさい》することになった。

（平成28年度版　学校図書3年119ページ　玉木正之「運動会」・『スポーツとは何か』より）

そこで の前では、学制《がくせい》が定められて十年余りのころ、まだ生徒数も少なく、農繁期《のうはんき》には学校を休む生徒も多く、運動場等の施設《しせつ》もなくて、とても□を開ける状態でなかったことが述べられている。そこで のあとでは、いくつかの学校が集まって「□」が開催《かいさい》されたことが述べられている。そこで の前の事柄《ことがら》が原因・きっかけとなって、あとの事柄が生じたことがわかる。

❷

「情報」と「知識」という言葉は、ふだんそれほどはっきりとわけて使われていません。もともと両者の区別はあいまいで、二つの言葉は同じ意味を示しているという見方もあります。しかし、情報社会に生きるわたしたちにとっては、両者の違《ちが》いを明確にとらえることが大切であるように思えます。

（平成14年度版　教育出版3年181ページ　半田智久「情報社会を生きる」）

「情報」と「知識」という言葉の意味について、しかし の前では、両者の区別は□だとしているものの、しかし のあとでは、両者の違《ちが》いを□にとらえることが大切だと述べている。しかし の前後で、逆のことを述べていることがわかる。

2 次の文章を読んで、あとの問いに答えなさい。

1

何千万倍、何億万倍もある報道されなかった事実の中には、報道された事実よりももっと重要な情報もたくさんあるだろう。そう考えると、テレビで報道される事実がなんとなく貧弱《ひんじゃく》に見えてくる。［　］、それにとらわれている自分たちが貧弱に見えてくる。

（平成14年度版　東京書籍3年107ページ　佐藤二雄「テレビとの付き合い方」・『テレビとのつきあい方』より）

(1) ［　］の接続語の働きについてまとめた次の文の［　］にあてはまる言葉を、文章中から書き抜きなさい。（各10点×2＝20点）

〔［　］の前では、報道されなかった事実の巨大《きょだい》さに比べると、テレビで報道される事実が［　　］に見えてくる、と述べている。［　］のあとでは、その事実にとらわれている自分たちもまた、［　　］に見えてくると述べている。［　］の前後で二つの事柄《ことがら》を並べていることがわかる。〕

(2) ［　］にあてはまる接続語を選び、記号で答えなさい。（10点）

ア　ところが
イ　そして
ウ　つまり

［　　］

2

〔エピソード型のニュースには、社会全体の問題を個人の問題にしてしまう難点がある。〕

いっぽう、＊鳥瞰《ちょうかん》情報型のニュースには、そうした難点はありません。この型のニュースに接した人々は、問題を社会的に皆《みな》で解決していくべきものと、より受け止めやすくなっていました。［　］、この型の弱点は、そのわかりにくさにあります。数字として抽象《ちゅうしょう》化された人々の喜怒哀楽《きどあいらく》は、ときに漠然《ばくぜん》としすぎていて理解が困難です。

＊鳥瞰情報型…全体を眺《なが》め渡《わた》して空中から見下ろしたように報道する型。

〔　〕部分要約

（平成14年度版　光村図書3年118ページ　池田謙一「マスメディアを通した現実世界」）

(1) ［　］の接続語の働きについてまとめた次の文の［　］にあてはまる言葉を、文章中から書き抜きなさい。（各10点×2＝20点）

〔［　］の前では、鳥瞰《ちょうかん》情報型にはエピソード型にある［　　］がなく、人々に受け止められやすいと述べ、［　］のあとで、この型の［　　］は、そのわかりにくさにあると述べている。［　］の前の事柄を、［　］のあとで補足説明していることがわかる。〕

(2) ［　］にあてはまる接続語を選び、記号で答えなさい。（10点）

ア　だから
イ　たとえば
ウ　ただし

［　　］

2 接続語

基本問題③

得点
／100点

学習日
／ 日

1 □にあてはまる接続語をあとから選び、記号で答えなさい。（各10点×6＝60点）

1 話はとぶが、僕《ぼく》はよく世界各地を遺跡《いせき》を訪ねて歩く。ところが胸に描《えが》いていたイメージと実際の遺跡とは、たいてい、食い違《ちが》っている。□僕の遺跡への旅は、ほとんどが落胆《らくたん》と失意の旅である。

（平成14年度版　東京書籍3年94ページ　森本哲郎「イメージからの発想」・『「私」のいる文章』より）

ア ところで
イ しかし
ウ だから

2 熱帯の膨大《ぼうだい》な種類の植物の中には、難病といわれるような病気の特効成分を持つ樹木があるかもしれない。□、土壌《どじょう》の中から非常に有効な抗生《こうせい》物質を作る菌《きん》が見つかるかもしれない。

（平成28年度版　東京書籍3年70ページ　中静透「絶滅の意味」より）

ア しかし
イ あるいは
ウ だから

3 海の食物連鎖《れんさ》は、植物プランクトンの発生から始まり、動物プランクトン、イワシ、サバ、……と続く。だから、植物プランクトンは海の生物生産にとって、底辺を支える最も大事な生物ということになる。□、植物プランクトンの成長に必要な養分はどこから運ばれてくるのだろうか。

（平成14年度版　教育出版3年90ページ　畠山重篤「森は海の恋人」）

ア したがって
イ では
ウ ただし

4 その戦場で、わたしたちはもう一つ、大きな驚《おどろ》きに出会いました。戦闘《せんとう》が始まったとき、ほとんどの難民は、なべとコメとくわを持って避難《ひなん》してきました。なべとコメは命の綱《つな》、□どんな事態に直面しようとも生き抜《ぬ》いていくには、コメをなべで炊《た》いて食いつながなければならない。

（平成14年度版　三省堂3年57ページ　荒巻裕「平和を築く―カンボジア難民の取材から」・『いま、アジアの子どもたちは…』より）

ア すると
イ つまり
ウ それとも

5

わたしたちが暮らしている高度な情報社会とは、だれもがどこにいても、気軽にたくさんの情報と接している社会のことです。この社会では、「知識とは、すなわち情報のことである」と考えられ、「わたしたちは常にたくさんの知識とともにある」と誤解されがちです。［　　］、コンピュータとネットワークがあれば、知識の宝庫を手にしたように感じます。

（平成14年度版　教育出版3年180ページ　半田智久「情報社会を生きる」）

ア　しかし
イ　たとえば
ウ　ところで

［　　］

6

考古学者が遺跡《いせき》を発掘《はっくつ》して人類文明の歴史を調べるように、天文学者は、宇宙を遠くまで観測することで、人類や地球の存在を可能にした、この物質世界の全歴史を読み取ろうとする。最初に誕生したのは、どんな天体であったのか。［　　］、今私たちが目にする無数の銀河は、どのようにして形成され、進化してきたのであろうか。

（平成14年度版　光村図書3年200〜202ページ　小平桂一「宇宙を見渡す目」）

ア　そして
イ　つまり
ウ　さて

［　　］

2　［A］～［D］にあてはまる接続語をそれぞれあとから選び、記号で答えなさい。（各10点×4＝40点）

かつては明るいことは単純に繁栄《はんえい》のしるしだった。［A］、今日もはやただ明るいことは自慢《じまん》にはならない。良識のある人だったら、自分の国、自分の町が必要以上に明るい場合には、引けめを感じても不思議はないくらいの世の中になった。都市や高速道路の照明光の中に、エネルギーの無駄遣《むだづか》いといわれるようなものがあるならば、調整、消灯［B］極端《きょくたん》な場合には撤《てっ》去《きょ》さえすべきであろう。しかしながら、あらかたの夜間照明は必要があるからついている。

［C］、享楽《きょうらく》的生活と車社会の目立つ人間活動の形態が万一変わることがあるならば、日本の明るさが減る可能性があるとだけは付け加えておこう。［D］、夜中に街に出る人が減り、夜中に車で移動する人が減れば、照明は当然今のままではありえないからである。

（平成14年度版　東京書籍3年22ページ　乾正雄「夜は暗くてはいけないか」）

A　**ア**　では　**イ**　しかし　**ウ**　だから
B　**ア**　しかも　**イ**　あるいは　**ウ**　つまり
C　**ア**　ただし　**イ**　むしろ　**ウ**　ところで
D　**ア**　または　**イ**　ところで　**ウ**　なぜなら

A［　　］
B［　　］
C［　　］
D［　　］

2 接続語

標準問題

得点 ／100点

学習日 ／ 日

1 次の文章を読んで、下の問いに答えなさい。

人間は自分の抱《いだ》いているイメージが裏切られるとがっくりする。そのイメージが鮮《あざ》やかであればあるほど、拍子《ひょうし》抜《ぬ》けは大きい。そこで人間は、本能的に自分の持っているイメージに合わせて対象を見ようとする。［A］、自分のイメージに合わない物事を、意識的に、あるいは無意識のうちに無視したり、切り捨てたりするのである。

話はとぶが、僕《ぼく》はよく世界各地を遺跡《いせき》を訪ねて歩く。ところが胸に描《えが》いていたイメージと実際の遺跡とは、たいてい、食い違《ちが》っている。［B］僕の遺跡への旅は、ほとんどが落胆《らくたん》と失意の旅である。せっかくやってきたのに、イメージとまるで違っているのは、なんともやるせないものである。［C］、僕は思い直して、実際は実際なのだと自分にいいきかせる。そうすると、それはそれで、またおのずから別のイメージを生み出してくれるのである。

僕は遺跡の写真を何枚も撮《と》って帰り、それをカメラ好きの友人に見せた。［D］彼《かれ》は一見して、

「こりゃだめだな、使いものにならんよ。」と、さもけいべつしたように言った。

（平成14年度版　東京書籍3年94・95ページ　森本哲郎「イメージからの発想」・『「私」のいる文章』より）

(1) ［A］には前に述べた事柄《ことがら》について、わかりやすく説明するときに使われる接続語が入ります。［A］に入る接続語をひらがな三字で答えなさい。（10点）

(2) ［B］・［D］にあてはまる接続語として最も適切なものを次から選び、それぞれ記号で答えなさい。（各10点×2＝20点）

ア さて　**イ** すると　**ウ** たとえば
エ だから　**オ** または

B［　］　D［　］

(3) ［C］の接続語について説明した次の文の［①］にあてはまる言葉を文章中から書き抜《ぬ》きなさい。また、［②］にあてはまる言葉をあとから選び、記号で答えなさい。（各10点×2＝20点）

［C］の前では、［①］と胸に描《えが》いていたイメージとがまるで違《ちが》うことがやるせないと述べている。［C］のあとでは、「実際は実際なのだ」と自分にいいきかせているので、［C］には［②］の接続語が入る。

①［　　　　　］

②〔**ア** 順接　**イ** 逆接〕［　］

2 次の文章を読んで、下の問いに答えなさい。

先にわたしは、マスメディアを共有性の保証人とよびました。しかし、マスメディアが世界中の出来事すべてを伝えるのはとうてい不可能です。ニュースとして伝えられるのは、その日に起こった何千、何万という出来事のうちのほんのわずかです。どうしても送り手の側で、何を重視して伝えるか、選択《せんたく》せざるをえません。[A]、取り上げたニュースは、その重要性を強調するために、視覚に訴《うった》えたり、印象に残るような言葉を用いたりと、さまざまな工夫を凝《こ》らして加工することになります。

その場合、①問題は、わたしたちがその選択され、加工された現実を、忠実な「現実の鏡」として見がちなこと、そして、報道のしかたによって思いがけない影響《えいきょう》を受けがちなことにあります。

[B]、不況《ふきょう》や失業といった社会問題を報道するとき、テレビのニュースはどのように報道するでしょうか。一つの典型を、わたしは「鳥瞰《ちょうかん》情報型」とよびます。（あ）全国調査で何割の人が不況で苦しんでいるとわかった、②あるいは失業者は全国で百何十万人にも達したと、全体を眺《なが》め渡《わた》して鳥瞰図のように報道するものです。（い）ある県の、ある市の、ある企業では、円高による輸出の不振《ふしん》でどん底状態に陥《おちい》っている、そこで働いている人はこんなに生活に苦しんでいるのだと、具体例によって、つまりエピソードを挙げて報道するものです。

（平成14年度版　光村図書3年115・116ページ　池田謙一「マスメディアを通した現実世界」）

(1) [A]・[B]にあてはまる言葉として最も適切なものをそれぞれ次から選び、記号で答えなさい。（各10点×2＝20点）

ア しかし　イ 例えば

ウ つまり　エ また

A [　　]　B [　　]

(2) ――線①「問題」とはどのようなものかを説明した次の文の[　]にあてはまる言葉を、文章中から書き抜《ぬ》きなさい。（各5点×2＝10点）

わたしたちは、選択《せんたく》され、[　　]された現実を「現実の鏡」として見がちであり、[　　　　　]によって思いがけない影響《えいきょう》を受けること。

(3) 次の〔　〕の文は（あ）・（い）のどちらに入りますか。記号で答えなさい。（10点）

〔もう一つの典型は「エピソード情報型」です。〕

[　　]

(4) ――線②「あるいは」と同じ種類の接続語を含んだ文はどれですか。次から選び、記号で答えなさい。（10点）

ア あすは体育大会だ。ただし、雨が降れば中止だ。

イ 出欠の返事は電話、または、メールでお願いします。

ウ カーテンを開けた。すると、朝日が差し込《こ》んできた。

エ 今朝はいい天気だった。だから、ドライブに行った。

[　　]

3 内容の理解

確認

★次の文章を読んで、——線部がどのようなものかを説明した言葉を文章中から探し、①・②に書き抜《ぬ》きなさい。（各10点×2＝20点）

わたしたちが、情報から意味を読み取ることができるのは、言葉で書かれた情報のほかに、わたしたち一人一人の頭の中にあるイメージや経験などを情報に結びつけたり、補ったりすることができるからです。それらは情報とは異なり、他と区別できる違《ちが》いがはっきりしていないもの、すがたかたちが定まらないものであり、そのため、情報にして表すことが難しいものです。

（平成14年度版　教育出版3年184・185ページ　半田智久「情報社会を生きる」）

わたしたち一人一人の頭の中にあるイメージや経験　↔　情報

＝

①［　　　　］

②［　　　　］

！　説明的文章の内容を理解するためには、同じ内容を表す別の表現や詳《くわ》しく言い換《か》えた表現、そして、反対（対《つい》）の内容を表す表現に注意しながら読みましょう。さらに、その文章によく出てくる語句（重要語句）にも着目しましょう。

基本問題①

得点　／100点

学習日　／　日

1 次の文章を読んで、あとの問いに答えなさい。

批評ができるようになると、友達どうしの関係も変わってくる。単に趣味《しゅみ》の合う者どうしではなく、趣味の違いを受け入れ合えるような関係になるのだ。友達どうしで「批評」を交わし合うこと、それは単に互《たが》いに自分の考えを表現し合うということではない。互いに「自己ルール」を言葉によって交換《こうかん》し合うということである。「自己ルール」とは、その人がそれまで生きてきた中で身につけている「よい・悪い」の判断や美意識の価値判断の根拠《こんきょ》のことだ。大切なのは、いろいろなものを批評し合うことで、友達と自分の「自己ルール」を確かめ合い、認め合い、そして調整し合っていくということなのである。そこに、人間どうしのコミュニケーションの内実がある。

（平成28年度版　光村図書3年75・76ページ　竹田青嗣『「批評」の言葉をためる』・「中学生からの哲学『超』入門」改より）

・——線「『自己ルール』を言葉によって交換《こうかん》し合う」とはどういうことですか。□にあてはまる言葉を、文章中から書き抜きなさい。（各15点×2＝30点）

〔自分と相手が身につけている善悪の［　　］や美意識の価値判断の［　　］を認め合い、調整し合っていくこと。〕

2 次の文章を読んで、あとの問いに答えなさい。

戦争中の一九四四（昭和《しょうわ》十九）年、津《つ》軽最北端《がるさいほくたん》の小漁村（小泊港《こどまり》）で国民学校の運動会を見た太宰治《だざいおさむ》は、次のように書いている。「まず、万国旗。着飾《きかざ》った娘《むすめ》たち。あちこちに白昼の酔《よ》っぱらい。そうして運動場の周囲には、百に近い掛《か》け小屋がぎっしりと建ち並び（略）、それぞれの家族が重箱を広げ、大人は酒を飲み、子供と女は、ご飯食べながら、大陽気で語り笑っているのである。日本は、ありがたい国だと、つくづく思った。確かに、日出《い》ずる国だと思った。国運を賭《と》しての大戦争の最中でも、本州の北端の寒村で、このように明るい不思議な大宴《えん》会《かい》が催《もよお》されている。古代の神々の豪放《ごうほう》な笑いと闊達《かったつ》な舞踏《ぶとう》をこの本州の僻陬《へきすう》において直接に見聞する思いであった。」

（平成28年度版　学校図書3年119・120ページ　玉木正之「運動会」・『スポーツとは何か』より）

・――線「運動会」のことを、太宰治《だざいおさむ》はどのように表現していますか。文章中から十字で書き抜《ぬ》きなさい。（15点）

3 次の文章を読んで、あとの問いに答えなさい。

日本人は、「あなたは遠慮《えんりょ》深い」と言われると、褒《ほ》められたような気がする。つまり日本では、遠慮は美徳とされる。遠慮とは自分のやりたいこと、利益になることをあえて辞退することだが、言いかえると、相手とのあいだに衝突《しょうとつ》を和《やわ》らげる空白地帯として A をおくことである。

「遠慮」ということばは中国で生まれたことばだが、中国では深謀《しんぼう》遠慮というように、「 B 」という意味だった。これが海を渡《わた》って日本にもたらされると、やがて「 C 」という日本人特有の心理的な間を表すことばに変わった。

（平成28年度版　三省堂3年23ページ　長谷川櫂「間の文化」・『和の思想』改より）

(1) A にあてはまる言葉を、文章中から五字で書き抜きなさい。（15点）

(2) B ・ C にあてはまる言葉をそれぞれ次から選び、記号で答えなさい。（各10点×2＝20点）

ア 相手のことを考えて行動を控《ひか》える

イ 深く考えをめぐらす

B

C

3 内容の理解

基本問題②

得点 ／100点

学習日 ／ 日

1 次の文章を読んで、あとの問いに答えなさい。

周知のように、ミッキーマウスはネズミらしからぬネズミである。彼は汚らしい現実のネズミ族とは違って、赤い半ズボンに黄色い靴を履き、四本指の手には真っ白い手袋をはめている。ミッキーマウス映画、それも特に初期のものは、農場や田園を舞台にしたものが多いが、それらは例外なく緑豊かで平和な牧歌的風景である。登場する動物キャラクターたちも、美しい彩色と共にピカピカに磨き上げられ、いつも愉快な珍騒動を繰り広げる。人間の言葉を話す彼らは、ほとんど動物性をとどめていない。雄と雌の違いも、ズボンとスカート、長いつけまつげやリボンといった記号に集約され、これらの衣装を剝ぎ取れば、それらはいずれも無性である。ディズニーの作品世界の大きな特色は、自然の徹底的な否定と狂信的とさえ言える衛生思想なのである。

（平成28年度版　学校図書3年110ページ　能登路雅子「ディズニーランドという聖地」）

・ディズニー作品の底流にある特色を、筆者が二十三字で表現している言葉を探し、初めと終わりの二字を書き抜《ぬ》きなさい。（完答12点）

初め ［　　］　終わり ［　　］

2 次の文章を読んで、あとの問いに答えなさい。

わたしたちの世界で何が起こっているかは、マスメディアが伝達する役割を果たしています。人づてに聞いた暗殺をテレビで確認しようとするのも、マスメディアが事件や出来事を共有できる形で伝えていると、わたしたちが信じているからです。その意味で、マスメディアは共有性の保証人であり、地球村を支える屋台骨《やたいぼね》なのだともいえるかもしれません。それを前提として初めて、わたしたちはオリンピック中継《ちゅうけい》の華《はな》やかさも、平和条約締結《ていけつ》の現場中継の厳粛《げんしゅく》さも［　　］することが可能になるのです。

（平成14年度版　光村図書3年114・115ページ　池田謙一「マスメディアを通した現実世界」）

(1) ――線部のような働きをするマスメディアを比喩《ひゆ》を用いてどのように表現していますか。二つ探して書き抜きなさい。（各8点×2＝16点）

［　　］・［　　］

(2) ［　　］にあてはまる二字の言葉を書き抜きなさい。（8点）

［　　］

3 次の文章を読んで、あとの問いに答えなさい。

生きていると、さまざまな問題に直面するものである。問題に直面したら、まずは自分の□を用いて解決しようとするだろう。例えば学校のテストの問題であれば、これまでに自分のならい覚えたことを駆使《くし》して解くものだ。だが、社会に出ると、経験したこともなければ、予測もできないような問題に直面することがある。自分一人の知識と経験だけでは、とても解決できない。そのようなとき、同じ問題を共有する他人と協力し、全員の知識と経験を総動員して解決にあたるのである。人間は、社会に出たら自分の力で生きていかなければならないが、自分の力だけで生きていくこともできないのだ。

（平成28年度版　三省堂3年177ページ　北川達夫『文殊の知恵』の時代）

(1) □にあてはまる言葉を、文章中から五字で書き抜《ぬ》きなさい。（10点）

(2) ――線「自分の力だけで生きていくこともできない」とありますが、筆者はどうすればよいと述べていますか。次の文の□にあてはまる言葉を、文章中から書き抜きなさい。（各7点×2＝14点）

（他人と□し、全員の力で□にあたること。）

4 次の文章を読んで、あとの問いに答えなさい。

現代の科学者は、実験や観測データを信頼《しんらい》するあまり、自分のイメージを膨《ふく》らませたり、古代の人々の知恵《ちえ》に学んだりすることをあまり重視しなくなってきています。科学の専門分化に並行《へいこう》するかのように、数学・自然科学などの理科系の分野と哲《てつ》学《がく》・歴史学・文学などの文科系の分野とが遠く離《はな》れ、同じ自然物を対象にしていても、全く異なる発想で捉《とら》えるようになってきています。その結果、理科系の知識が文科系の分野に生かされず、文科系の知恵も理科系の分野に使われることがなくなってしまったのです。人類の長い歴史の中で培《つちか》われてきた文化が、理科系と文科系に分断されている、というわけです。それでは、せっかく得られた人類の叡智《えいち》はばらばらのままです。

（平成28年度版　教育出版3年44・45ページ　池内了『新しい博物学』の時代）

・この文章の内容をまとめた次の文の□にあてはまる言葉を、文章中から書き抜きなさい。（各10点×4＝40点）

（現代の科学者は□や観測データに信頼《しんらい》をおき、科学の□も進んで、人類が長い間に培《つちか》ってきた文化が、理科系の分野と□の分野に□されてしまっている。）

3 内容の理解

標準問題

得点

／100点

学習日

／ 日

1 次の文章を読んで、下の問いに答えなさい。

バッハにしてもモーツァルトにしても①西洋のクラシック音楽は次から次に生まれては消えゆくさまざまな音によってうめつくされている。例えば、モーツァルトの「交響曲《こうきょう》二十五番」などを聞いていると、息を継《つ》ぐ暇《ひま》もなく、ときには[A]。モーツァルトは沈黙《ちんもく》を恐《おそ》れ、音楽家である以上、一瞬《いっしゅん》たりとも②音のない時間を許すまいとする衝動《しょうどう》に駆《か》られているかのように思える。

それにひきかえ、日本古来の音曲《おんぎょく》は琴《こと》であれ笛であれ鼓《つづみ》であれ、音の絶え間というものがいたるところにあって[B]。その音の絶え間では松林を吹く風の音がふとよぎることもあれば、谷川のせせらぎが聞こえてくることもあるだろう。ときには、この絶え間があまりにも長すぎて、一曲終わってしまったかと思っていると、やおら次の節が始まるということも珍《めずら》しくない。そんなふうに、いくつもの絶え間に断《た》ち切られていても日本の音曲は成り立つ。

（平成28年度版　三省堂3年22ページ　長谷川櫂「間の文化」・『和の思想』改より）

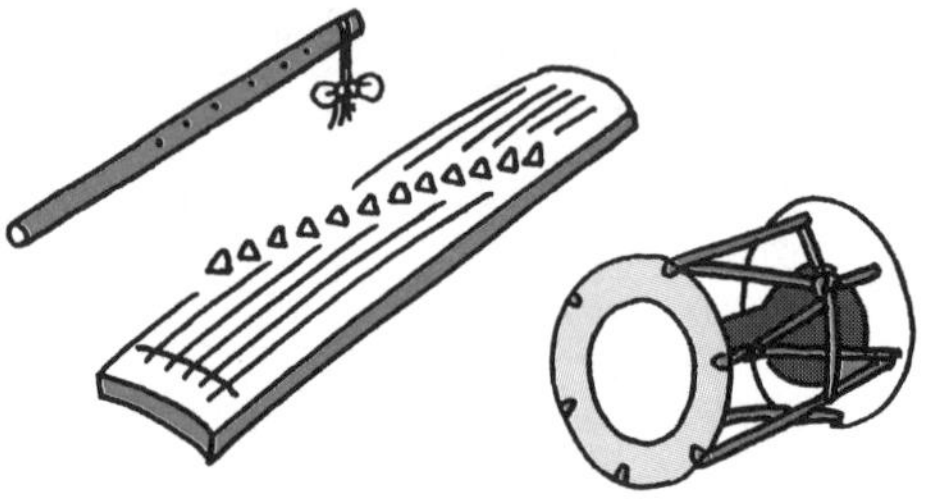

(1) ——線①「西洋のクラシック音楽」と対比されているものは何ですか。文章中から七字で書き抜きなさい。（10点）

(2) [A]・[B]にあてはまる言葉を次から選び、それぞれ記号で答えなさい。（各5点×2＝10点）

ア　のどかなものだ

イ　息苦しい

A

B

(3) ——線②「音のない時間」と同じ意味の言葉を、文章中から五字で書き抜きなさい。（10点）

(4) 上の文章の内容に合うように、次の文章の□にあてはまる言葉を、文章中から書き抜きなさい。（各10点×2＝20点）

モーツァルトは[　　]を恐《おそ》れて、さまざまな音で曲をうめつくしているかのようだが、[　　　　　]は、音が断《た》ち切られることが珍《めずら》しくない。

2 次の文章を読んで、下の問いに答えなさい。

ところで、その＊記憶《きおく》とは、知識として存在するものなのだろうか。もちろん一部の記憶は、知識として私たちの中に入っている。だから私たちは、知識として古代のことや江戸時代のことも知っている。だが、①それが全てではないだろう。

例えば、私たちはときに奈良や京都で、あるいは近くの寺院で古代の仏像を目にする。その仏像のことは、事前に知識として知っていたとしよう。ところが、その仏像に接することによって、知識が増えるだけでなく、「観《み》る」という行為《こうい》によって得られた記憶が残る。いわば、そのことによって「眼《め》の記憶」とでもいうべきものが残され、②その「眼の記憶」が、それ以降の私たちの判断に影響《えいきょう》を与《あた》えるようになる。

同じように、私たちは、触《さわ》ることによって得た記憶ももっているし、持ち上げたり背負ったりして得た記憶ももっている。それらを「手の記憶」、「身体の記憶」と呼んでおけば、そのような記憶をもとおして、私たちは過去の木造建築の文化やその美術を生み出した時代を知り、過去を記憶するのであろう。こうして過去の記憶もまた、③知識だけでは手に入れることのできない総合的な記憶として、残されていく。ちょうど、戦中を経験した人々には、知識だけではなく、身体の中にも戦争の記憶が残されているように。

＊その記憶…保存され、蓄積《ちくせき》された過去の歴史の記憶。

（平成28年度版　教育出版3年85ページ　内山節「歴史は失われた過去か」・『「里」という思想』より）

(1) ――線①「それが全てではないだろう」とありますが、「それ」とは何ですか。文章中から書き抜《ぬ》きなさい。（10点）

(2) ――線②「その『眼《め》の記憶《きおく》』」とありますが、具体的にはどのようなことですか。次の文の□にあてはまる言葉を文章中から書き抜きなさい。（符号《ふごう》も含《ふく》む。）（10点）

古代の仏像を目にしたとき、□□□□□によって得られた記憶が残るということ。

(3) ――線③「知識だけでは手に入れることのできない総合的な記憶」とありますが、筆者が「総合的な記憶」として挙げているものを、それぞれ五字以内で文章中から三つ書き抜きなさい。（各10点×3＝30点）

4 段落の要点と文章構成

基本問題①

得点
／100点

学習日
／　日

確認

★次の文章を読み、あとの□にあてはまる言葉を文章中から書き抜《ぬ》き、1・2段落の要点をまとめなさい。（各10点×3＝30点）

1当時、フロンはすでに世界中であらゆる用途《ようと》に使われていました。もしもフロンを使わなくなれば、かわりに燃えやすい物質を使う必要が生じ、火事や爆発《ばくはつ》のリスクを増やすことになってしまいます。

2また、フロンの製造会社や関連企業《きぎょう》には大きな不利益があるでしょう。それらの企業で働いている人々も、フロンを使った商品を手軽に入手できなくなる消費者も、間接的に影響《えいきょう》を受けることになります。

※1・2は段落番号を表します。

（平成28年度版　三省堂3年87・88ページ　神里達博「フロン規制の物語――〈杞憂〉と〈転ばぬ先の杖〉のはざまで」）

1 世界中で使われていたフロンを使わなくなれば、火事や爆発《ばくはつ》の□を増やす物質を使うことになる。

2 フロンの□や関連企業《きぎょう》だけでなく、企業の従業員や□も影響《えいきょう》を受ける。

！各段落の要点と段落どうしの関係をとらえて、文章の構成を理解しましょう。

1 次の文章を読み、あとの□にあてはまる言葉を文章中から書き抜き、1・2段落の要点をまとめなさい。（各10点×3＝30点）

1わたしたちは知識によって、正しいとされている情報に引っかかりを感じたり、疑問をもつきっかけを得ることができます。「なんか変だな。」「どうしてかな。」こうした問いが頭をよぎったとき、それはあなたの大切な知識が、そこにある情報と触《ふ》れ合った大切な瞬間《しゅんかん》にちがいありません。

2わたしたちは、知るため、もっというならば、知ってうれしくなるために学びます。今まで知らなかった考え方との出会いは、ときめきや感動を生み、ときには反発を引き起こします。そんな心の動きを味わうために「学ぶ」のだともいえるでしょう。そうした意味では、「学び」は「遊び」とたくさんの共通点をもっています。

※1・2は段落番号を表します。

（平成14年度版　教育出版3年186・187ページ　半田智久「情報社会を生きる」）

1 わたしたちは知識によって、□と触《ふ》れ合うきっかけを得ることができる。

2 わたしたちは、知って□ために学ぶのであり、その意味で「学び」と「□」には共通点が多い。

2 次の文章を読んで、1・2段落の要点として最も適切なものをあとから選び、それぞれ記号で答えなさい。（各10点×4＝40点）

❶

1空間的、時間的な間《ま》の他にも、人や物事とのあいだにとる「心理的な間」というものもある。誰《だれ》でも自分以外の人とのあいだに、たとえ相手が夫婦や家族や友人であっても長短さまざまな心理的距離《きょり》、つまり、間をとって暮らしている。このような心理的な間があって初めて日々の暮らしを円滑《えんかつ》に運ぶことができる。

2日本人は「あなたは遠慮《えんりょ》深い」と言われると、褒《ほ》められたような気がする。つまり日本では遠慮は美徳とされる。遠慮とは自分のやりたいこと、利益になることをあえて辞退することだが、言いかえると、相手とのあいだに衝突《しょうとつ》を和《やわ》らげる空白地帯として心理的な間をおくことである。

※1・2は段落番号を表します。

（平成28年度版　三省堂3年22・23ページ　長谷川櫂「間の文化」・『和の思想』改より）

ア　日本人にとって遠慮《えんりょ》とは、相手とのあいだの衝突《しょうとつ》を和《やわ》らげる空白地帯と考えられる。

イ　「心理的な間《ま》」は、日々の生活において空間的、時間的な間より大事なものである。

ウ　自分以外の人や物事とのあいだに「心理的な間」があってこそ、日々の暮らしを円滑《えんかつ》に運ぶことができる。

1 [　　]　2 [　　]

❷

1批評し合うことの中には、自分の感受性を高めていくという側面も含《ふく》まれている。人間の感受性は、よりよいもの、より深いものを味わいながら育っていく。しかし、言葉のキャッチボールを通して自分の中に「批評する言葉」をため、言葉の力を育てていく努力をおろそかにするなら、自分の感受性をさらに高めてゆく道を見失い、それを投げ捨ててしまうことになるだろう。

2「批評する言葉」をためて、言葉の力を育てていくために必要なこと。それは当然のことだが、できるだけたくさんの優《すぐ》れた文章や小説に親しむこと。もう一つは、自分の考えをどう伝えるか以上に、人の言葉や言い方をよく聴《き》き取ろうとする気持ちをもつこと。この二つが大事な秘けつなのだ。

※1・2は段落番号を表します。

（平成28年度版　光村図書3年76・77ページ　竹田青嗣「『批評』の言葉をためる」・『中学生からの哲学『超』入門』より）

ア　言葉の力を育てるには、できるだけ「批評する言葉」が含《ふく》まれる文章や小説を読むことである。

イ　優《すぐ》れた文章や小説を読み、人の言葉や言い方をよく聴《き》くことで、「批評する言葉」をためて言葉の力を育てることができる。

ウ　自分の感受性を高めるには、「批評する言葉」をため、言葉の力を育てる努力が必要だ。

1 [　　]　2 [　　]

4 段落の要点と文章構成

基本問題②

得点
／100点

学習日
／　日

1 次の文章を読み、1・2の段落の要点をまとめたあとの文の□にあてはまる言葉を、文章中から書き抜きなさい。（各10点×2＝20点）

1月の起源を考えるには、月がどのような天体なのかを知っておく必要がある。月は、実は特異な天体なのだ。

2まず、太陽系の他の衛星と比べ、惑星《わくせい》（地球）に対する質量が非常に大きい。他の衛星は、最大でも惑星質量の約三千分の一にすぎないのに、月は地球質量の八十一分の一もある。月の惑星に対する質量比は、太陽系で最大なのだ。

※1・2は段落番号を表します。

（平成28年度版　光村図書3年45ページ　小久保英一郎「月の起源を探る」）

1 ―まず→ 2

1：月の起源を考えるには、月が□□□□□であることを知る必要がある。

2：他の衛星と比べ、惑星《わくせい》に対する□□□が太陽系で最大である。

2 次の文章を読み、1・2段落の要点をまとめたあとの文の□にあてはまる言葉を、文章中から書き抜きなさい。（各5点×4＝20点）

1では、鉄はどこから、どのように供給されているのだろうか。

2沿岸域の鉄の供給源は森である。鉄が海に届くには水に溶《と》けなければならない。ここで森の腐葉土《ふようど》が重要な役割を担《にな》っている。腐葉土は、それ自体植物にとって最良の肥料であるが、山の岩石や土に含《ふく》まれている鉄を水に溶かし、植物プランクトンが吸収しやすい形に変える役目をしているというのである。

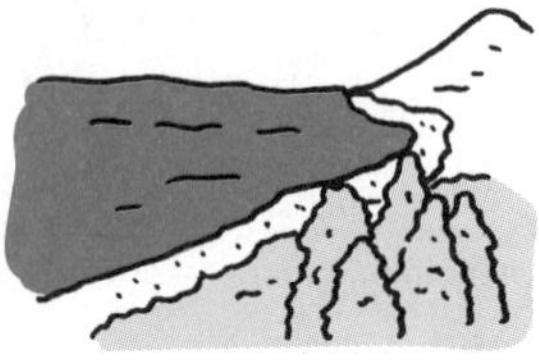

※1・2は段落番号を表します。

（平成14年度版　教育出版3年91ページ　畠山重篤「森は海の恋人」）

1 → 2

1：鉄が□□される経路はどのようになっているか。（問題を示す）

2：鉄の供給源は□であり、□□□によって、鉄は水に溶《と》けて□に届く。（答えを示す）

3 次の文章を読んで、各段落の要点をまとめたあとの文の□にあてはまる言葉を、文章中からそれぞれ書き抜《ぬ》きなさい。（各10点×6＝60点）

1

1 このように、多様な生物から成る生態系は、私たち人間にも多大な恩恵《おんけい》をもたらしていることが分かる。だからこそ、生物の絶滅《ぜつめつ》の問題を、人間に影響《えいきょう》のないものと安易に考えて見過ごしてはならないのである。

2 これに対して、絶滅してもかまわない生物もいるのではないか、と主張する人もいる。絶滅しても生態系に大きな影響を及《およ》ぼしそうにもない生物や、人間におよそ恩恵をもたらしそうにもない生物もいる、というのがその根拠《こんきょ》だ。

※1・2は段落番号を表します。

（平成28年度版　東京書籍3年69ページ　中静透「絶滅の意味」）

1 → 2

1 多様な生物から成る□□□は、人間に恩恵《おんけい》を与《あた》えているので、生物の絶滅《ぜつめつ》の問題は人間に影響《えいきょう》を与える。（筆者の考えの提示）

2 □□してもかまわない生物もいるという主張の根拠《こんきょ》は、絶滅しても生態系に□□しない生物や、人間に恩恵をもたらさない生物もいるからだ。（1段落の反論の紹介）

2

1 夜は暗くてはいけないか、と問われると、だれでも一瞬《いっしゅん》動揺《どうよう》するだろう。なるほど都会の夜が明るいのは楽しく便利だが、暗い夜もあっていいはずだ、暗い夜には現代人が捨て去っただいじなものがありそうだ、と直観的に分かるからである。

2 星や蛍《ほたる》を見られるとか、闇《やみ》を利用して魚や動物を捕《つか》まえられるなど、夜が暗いほうがよい理由としては楽しいものがいろいろあるが、最もだいじな理由は、暗さが人にものを考えさせるということなのだ。

※1・2は段落番号を表します。

（平成14年度版　東京書籍3年23・24ページ　乾正雄「夜は暗くてはいけないか」）

1 → 2

1 夜は暗くてはいけないか、という問いかけに、だれもが□□□□のは、明るい夜が楽しい反面、暗い夜には現代人が捨てた□□□□□□がある、と直観的に分かるからだ。（筆者の考えの提示）

2 夜が暗くてよい理由はいろいろあるが、最もだいじな理由は、暗さが人に□□□□□□□□ことである。（1段落の筆者の考えを補強）

4 段落の要点と文章構成

基本問題③

得点　／100点

学習日　／　日

1 次の文章を読んで、下の問いに答えなさい。

1 すると、早めに自分のおかゆを食べてしまった二歳《さい》くらいの男の子が、竹ベッドから降りてコーンちゃんの方にやってきました。やってくるといっても、その子も自分の足では歩けないほどやせこけていて、ベッドからベッドへ約五メートルほどを伝い歩きして近づいてきたのです。

2 いったい、何が始まるのだろう。ぼんやり見守っていると、コーンちゃんが手ですくったおかゆを、ひょいと男の子の口もとに近づけ、食べさせてやったのです。

3 これには度肝《どぎも》を抜《ぬ》かれました。同行していた写真記者は、慌《あわ》ててシャッターを切りました。自らも重い栄養失調であり、しかも乏《とぼ》しい食事を、わずか三歳の幼い子どもが他人に分けてやる。難民キャンプという、一つの極限状況《じょうきょう》の中で、たった三つの子どもが他人への思いやりを失わずにいる。

4 「もし自分が同じ境遇《きょうぐう》に置かれていたら、分けてやるだろうか。きっとできないだろうな。」わたしと写真記者は、そうことばを交わしつつ、人間には本来的に他者への思いやりがあることを、きらりと光るようにかいま見せられ、驚《おどろ》きそして感銘《かんめい》を受けたのでした。

※1～4は段落番号を表します。

（平成14年度版　三省堂3年54・55ページ　荒巻裕「平和を築く―カンボジア難民の取材から」・『いま、アジアの子どもたちは…』より）

(1) 1・2段落の要点をまとめた次の文の□にあてはまる言葉を、文章中から書き抜《ぬ》きなさい。（各10点×2＝20点）

［　　　　　　　］が、自分に近づいてきた二歳《さい》くらいの男の子に、自分のおかゆを［　　　　］こと。

(2) 3段落の要点をまとめた次の文の□にあてはまる言葉を、文章中から書き抜きなさい。（15点）

わずか三歳の子どもが、極限状況《じょうきょう》でも、［　　　　　］を失わないことへの筆者の驚《おどろ》き。

(3) 4段落の働きとして最も適切なものを次から選び、記号で答えなさい。（15点）

ア 1～3段落で述べた感想に新たな別の見解を加えている。

イ 3段落で述べた感想をさらに深め分析《ぶんせき》している。

ウ 1～3段落で示した内容の具体例を述べている。

［　　］

2 次の文章を読んで、下の問いに答えなさい。

1 テレビが得意なのは、映像をふんだんに盛りこんだ迫真《はくしん》の情報をわたしたちに伝えることだ。先ほど例にあげたクローズアップも、映像の表現力をさらに高めるために編み出された技法である。ところが逆に、テレビは映像を伴《ともな》わない事柄《ことがら》や映像にしにくい事柄についての表現が不得意だ。「画《え》にならない」できごとは、あまりテレビ向きでないのである。

2 一方新聞は、主に文字によって情報を伝えるので、できごとの背景や影響《えいきょう》についてじっくりと分析《ぶんせき》を加え、読者に伝えることを得意とする。しかしその反面、テレビに比べるとどうしても臨場感に欠けるし、短時間で要点をわかりやすく伝えることが苦手である。そこでそれを補うために、見出しのつけ方や記事の書き方、組み方について、さまざまな約束事を工夫《くふう》してきた。

3 このように、メディアには得意とする表現法と、それを支える約束事がある。そこでどのメディアも、ある事柄について情報を伝えるとき、自分がいちばん得意とする表現法に合わせて情報を編集する。つまり、情報の一部を切り落としたり、情報のある側面を強調したり、一つの情報の間に別の情報の断片《だんぺん》を挟《はさ》みこんだりといった加工を行うのだ。そのため、たとえ同じ事柄についての情報であっても、どのメディアから情報を得たかによって、その事柄に対するわたしたちの印象が大きく変わってしまうことがある。

※1～3は段落番号を表します。

（平成14年度版　三省堂3年28・29ページ　見城武秀「メディアとわたしたち」）

(1) 1段落の内容として最も適切なものを次から選び、記号で答えなさい。（15点）

ア　クローズアップなど、テレビが得意とする表現について。
イ　映像にしにくい事柄《ことがら》など、テレビが不得意な表現について。
ウ　テレビが得意な表現と不得意な表現について。

(2) 2段落の要点をまとめた次の文の□にあてはまる言葉を、文章中から書き抜《ぬ》きなさい。（各10点×2＝20点）

主に□によって情報を伝える新聞は、じっくりと分析《ぶんせき》し、それを読者に伝えるのは得意だが、テレビに比べて□に欠けるし、要点を要領よく伝えることが不得意である。

(3) この文章の構成の説明として最も適切なものを次から選び、記号で答えなさい。（15点）

ア　1・2段落でテレビと新聞の特色を述べ、3段落でその特色がもとになって導かれる事柄についてまとめている。
イ　1・2段落でテレビと新聞の特色を述べ、3段落でどちらが優《すぐ》れたメディアかということへの筆者の見解を述べている。
ウ　1段落でテレビ、2段落で新聞の得意とする表現法について述べ、3段落でそれに対する筆者の反論を示している。

4 段落の要点と文章構成

標準問題

得点　／100点

学習日　／　日

1 次の文章を読んで、下の問いに答えなさい。

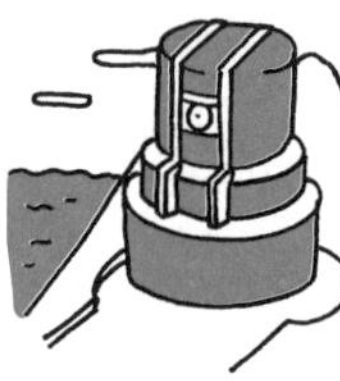

1 一九九八年十二月二十四日、日本が十年近くの歳月《さいげつ》をかけて、ハワイのマウナケア山頂に建設を進めてきた大反射望遠鏡「すばる」が、初めて星の光を受け止めた。

2 「すばる」は、厚さが二十センチメートルしかない直径八・三メートルの大反射鏡を、二百六十一本の「ロボットアーム」で支え、その形を計算機で制御《せいぎょ》する「新技術望遠鏡」である。その大反射鏡は、鏡面を関東平野ほどに拡大しても、凹凸《おうとつ》が紙一枚にしかならない世界一の滑《なめ》らかさにまで研磨《けんま》された。

3 また、太平洋のただ中に針のように突《つ》き出ているマウナケア山では、上空の澄《す》んだ大気が非常に安定していて、天体からの光を揺《ゆ》らぎなく受け止めることができる。「高性能の望遠鏡を最良の場所に置きたい」という願いから、日本としては初めて、外国領土に大型の科学施設を設置することに踏《ふ》み切った。

4 簡単なカメラを取《と》り付けて撮られた試験観測の初画像は、こうしたさまざまな努力が十分に報《むく》われたことを雄弁《ゆうべん》に物語っている。

※1～4は段落番号を表します。

（平成14年度版　光村図書3年198～200ページ　小平桂一「宇宙を見渡す目」）

---

(1) 上の文章はどんな事柄《ことがら》について書いていますか。最も適切なものを次から選び、記号で答えなさい。（15点）

ア　マウナケア山に設置せざるを得なかった「すばる」の悲哀《ひあい》。

イ　さまざまな努力の結果、「すばる」から初画像が送られたこと。

ウ　「すばる」の鏡面を世界一の滑《なめ》らかさにするまでの苦労。

□

(2) 3段落の要点をまとめた次の文の□にあてはまる言葉を、文章中から書き抜《ぬ》きなさい。（各10点×2＝20点）

「すばる」を「□に置きたい」という願いから、日本としては初めて、外国領土である□に科学施設を設置した。

(3) この文章の構成の説明として最も適切なものを次から選び、記号で答えなさい。（15点）

ア　1段落が前置き（序論）、2・3段落が本論、4段落がまとめ。

イ　1・2段落が前置き（序論）、3段落が本論、4段落がまとめ。

ウ　1段落が前置き（序論）、2段落が本論、3・4段落がまとめ。

□

2 次の文章を読んで、下の問いに答えなさい。

1 日頃眺《ひごろなが》めている月が、どのような天体で、どのようにして生まれたと考えられるか、理解してもらえただろうか。月は、衛星として特異といえるほど、惑星《わくせい》に対する質量比が大きく、鉄が極《きわ》めて少ない。そのような特徴《とくちょう》をもつ月は、地球に衝突《しょうとつ》した原始惑星の破片《はへん》から形成されたと考えられる。ただし、これはあくまで現段階での理解である。巨大衝突説は、今なお「最も有力な仮説」という位置づけであり、新たな研究の成果を受け、これから改訂《かいてい》されるかもしれないし、あるいは否定されることもあるかもしれない。研究は今日も続いている。

2 月は、おそらくその起源から地球と共にあり、地球の形成、進化の過程に深い関わりをもってきた。だから、月を知ることは、地球を知ることにもつながる。今、再び月が注目を集め、日本をはじめ世界各国で、さらなる月探査が計画されている。今後の研究や探査により、どのような秘密が明らかにされるか、楽しみだ。

3 月を見るときには、思い出してみてほしい。今から約四十六億年前、巨大な天体が地球に衝突し、月が誕生したということを。月がいつもとは違《ちが》って見えるかもしれない。

※1〜3は段落番号を表します。

（平成28年度版　光村図書3年50ページ　小久保英一郎「月の起源を探る」）

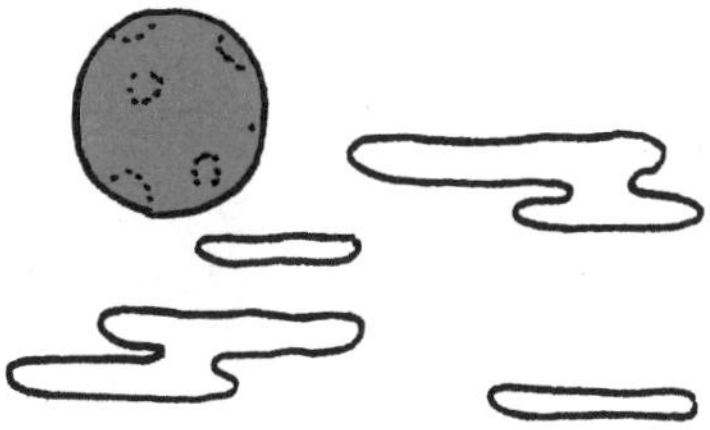

(1) 1段落の内容をまとめた次の文の□にあてはまる言葉を、文章中から書き抜《ぬ》きなさい。（各10点×2＝20点）

月は衛星として［　　］といえる存在で、仮説では、地球に［　　］した原始惑星《わくせい》から誕生したとして、研究が続いている。

(2) 2段落の内容をまとめた次の文の□にあてはまる言葉を、文章中から書き抜きなさい。（各10点×2＝20点）

月は地球の形成、進化の過程と関わりをもつので、月を知ることは［　　　　　］ことにもなり、世界各国による［　　　］などにより、月の秘密が明らかになるのが楽しみだ。

(3) 上の文章の構成の説明として最も適切なものを次から選び、記号で答えなさい。（10点）

ア　2・3段落は1段落の仮説に対する筆者の考えである。
イ　1段落で述べた結論を2・3段落で詳《くわ》しく説明している。
ウ　1段落の仮説の検証を2・3段落で述べている。

［　　］

5 筆者の意見と要旨

基本問題①

得点 ／100点

学習日 ／ 日

1 次の文章を読んで、あとの□にあてはまる言葉を文章中から書き抜き、筆者の意見をまとめなさい。（各10点×2＝20点）

潮だまりには、ヤドカリ、カニ、タツノオトシゴ、イソギンチャクなどの小動物が、重なるようにしてうごめいていた。また、この河口*では、なんと、シラスウナギ（うなぎの稚魚《ちぎょ》）が食料にするほどとれていたのである。シベルと呼ばれるシラスウナギのパイ皮包みがナント*の名物料理だった。ウナギが群れる川、それは川が健全なによりの証拠《しょうこ》である。ロワール川河口の干《ひ》潟《がた》の潮だまりに群れる小魚や小動物、そしてシラスウナギ。それは、三十五年ほど前の宮城《みやぎ》の海そのものであった。わたしは、さらにロワール川の流域も見学して回った。

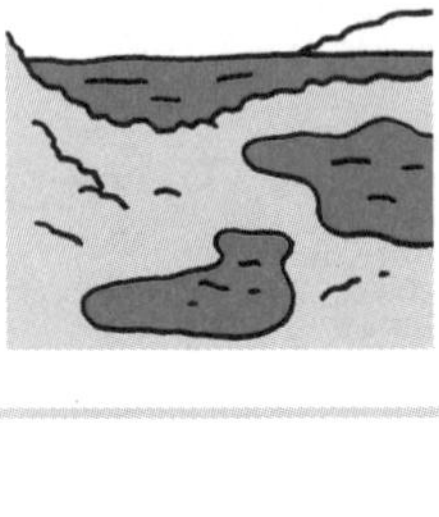

*河口…川の水が海や湖に流れ込《こ》むところ。
*ナント…フランスのロワール河口の大都市。

（平成14年度版　教育出版3年88・89ページ　畠山重篤「森は海の恋人」）

ロワール川河口では、小魚や小動物、そして［　　　　　］が群れていた。それは、［　　］が健全であることのなによりの証拠《しょうこ》である。

確認

★次の文章を読み、あとの□にあてはまる言葉を文章中から書き抜《ぬ》いて、筆者の意見をまとめなさい。（20点）

夜の暗さ、とりわけ闇《やみ》のような暗さが、われわれの生活圏《けん》からなくなって久しい。闇は世界じゅうで失われているが、特に日本での失われ方はひどかった。高度経済成長期以来、都市でも町でも、人がおおぜい住む所では、光は、繁栄《はんえい》の象《しょう》徴《ちょう》として、夜も輝《かがや》き続けている。明るすぎをいうひと握《にぎ》りの人はいても、夜中に街路灯を消す街などは寡聞《かぶん》にして知らない。現代人はものを考えなくなったというけれど、光の行き渡《わた》りすぎた現代の夜間の環境《かんきょう》が、人に常に動き回ることばかりを強いて、じっと考える能力を喪失《そうしつ》させたことは疑いようがない。

（平成14年度版　東京書籍3年24ページ　乾正雄「夜は暗くてはいけないか」）

闇《やみ》がなくなったことが、現代人のじっと［　　　　　］を喪失《そうしつ》させた。

！ 事実と意見を読み分け、要旨《ようし》（筆者が最も言いたいこと）を正しくとらえましょう。

2 次の文章を読み、筆者の意見に最も近いと考えられるものをあとから選び、記号で答えなさい。（30点）

それにしても私たちは、どうしてこんなにもテレビにもたれかかってしまうのだろうか。私たちには大いなる錯覚《さっかく》があるようだ。それは、「テレビで報道されなければ存在しないに等しい。」「テレビで報道されることがすべてである。」という錯覚である。

私たちは無限にある事実の中からニュースとして選択《せんたく》する判断をプロの送り手にゆだねている。私たちが見聞きするニュースは、たまたま彼《かれ》らがニュースと判断した事実のそのまたほんのごく一面である。「情報」などとかぎかっこでくくるといかにもテレビだけが秘匿《ひとく》している特別なもののような感じがするが、そうではないのだ。何千万倍、何億万倍もある報道されなかった事実の中には、報道された事実よりももっと重要な情報もたくさんあるだろう。そう考えると、テレビで報道される事実がなんとなく貧弱《ひんじゃく》に見えてくる。そして、それにとらわれている自分たちが貧弱に見えてくる。

（平成14年度版　東京書籍3年106・107ページ　佐藤二雄「テレビとの付き合い方」・『テレビとのつきあい方』より）

ア　テレビで見聞きするニュースは、プロの送り手が無限にある事実の中から厳しい判断で選択《せんたく》したものである。

イ　報道されなかった事実の中から、報道された事実よりももっと重要な情報を見つけることが大切だ。

ウ　テレビの報道は事実のごく一面なので、テレビの報道にとらわれすぎてはならない。

□

3 次の文章を読み、筆者の意見に最も近いと考えられるものをあとから選び、記号で答えなさい。（30点）

もう一つは、人との語り合いの重要性です。マスメディアの提示する現実の姿は、周囲の人々との語り合いという共同作業によって初めて自分にとって生きた現実として確信できるのでした。それは同時に、語り合いを通じてマスメディアの情報を自分なりに取捨選択《しゅしゃせんたく》し、自分にとっての現実の像を構成していくことでもあります。「わたしにとって、これこれの社会問題がもつ意味」は、こうして構成されるのです。このとき、自分と違《ちが》う立場の人、違う意見をもつ人との語り合いが、より必要でしょう。それによって、現実の像を共有する人の輪は確実に広がるのです。現在の社会では、ときにテレビのみを相手にして一日が過ぎていることもあるようですが、わたしたちは他者との語り合いという共同作業がもつ役割をもっと認識《にんしき》しておきたいものです。

（平成14年度版　光村図書3年120・121ページ　池田謙一「マスメディアを通した現実世界」）

ア　マスメディアの情報が真実なものかどうかを確信するためには、自分と同じ立場の他者との語り合いが必要だ。

イ　マスメディアの情報は、人々との語り合いによって自分にとっての現実となるので、他者との語り合いを大切にすべきだ。

ウ　マスメディアの情報は、自分が取捨選択《せんたく》するのではなく、できるだけ多くの人々の意見に従うことが大切である。

□

5 筆者の意見と要旨

基本問題②

得点　／100点

学習日　／　日

1 次の文章の要旨《ようし》（筆者の最も言いたいこと）として適切なものを、――線部を参考にしてあとから選び、記号で答えなさい。（25点）

マスメディアの情報だけでは、わたしたちは出来事を実感し、納得《なっとく》し、その意味をくみ取り尽《つ》くすことはできません。周りの家族や友人が、伝えられていることは本当のことだ、現実に起こったことだと同意し、彼《かれ》らと自分との間に経験や感動の共有が生じるからこそ、わたしたちはそれを等身大の生きた現実の像として初めて確信できるのです。また、それがわたしたちの生活や人生にとってどんな意味があるのかも導き出すことができるのです。例えば「大統領の死*」のもつ意味を語り合うことは、「アメリカ人としてのこれからの自分たち」を主体的に模《も》索《さく》するきっかけを提供したのです。

*大統領の死…アメリカのケネディ大統領が暗殺されたこと。

（平成14年度版　光村図書3年115ページ　池田謙一「マスメディアを通した現実世界」）

ア　マスメディアの情報を周りの人たちと共有したときに、わたしたちは出来事を生きた現実の像として実感することができる。

イ　マスメディアの情報は、わたしたちに経験や感動の共有を生じさせる。

2 次の文章の要旨として最も適切なものをあとから選び、記号で答えなさい。（25点）

私たちは、まさに情報社会を生きている。

（中略）

技術の革新に伴《ともな》い、情報社会の進展が加速する中、私たちは、空間や時間を軽々と飛び越えて、地球の裏側で起《こ》こっていることを見聞きしたり、数世紀前の歴史上のできごとや人物について知識を得たりすることができる。臨場感たっぷりのライブ中《ちゅう》継《けい》を目にすることは、それがテレビカメラを通したものであることを忘れさせ、あたかも自分がその場に立ち会っているかのような錯覚《さっかく》を覚えさせるほどだ。メディアが媒介《ばいかい》する情報は、世の中を理解するうえで中心的な役割を果たし、私たちの考え方や価値観の形成、物事の選択《せんたく》において、ますます大きな影響《えいきょう》力《りょく》を発揮するようになってきている。

（平成28年度版　三省堂3年132・133ページ　菅谷明子「情報社会を生きる――メディア・リテラシー」・『メディア・リテラシー――世界の現場から――』改より）

ア　私たちは情報社会のおかげで臨場感のある情報を得られる。

イ　メディアによる情報は私たちに大きな影響力《えいきょうりょく》をもっている。

ウ　私たちは情報社会を生きていることを意識するべきだ。

3 次の文章の要旨《ようし》として最も適切なものをあとから選び、記号で答えなさい。（25点）

新聞やテレビ、ラジオといったマスメディアによる情報伝達はあくまで発信者からの一方向なものです。しかし、ソーシャルメディアの登場により、情報の発信者と受信者がリアルタイムに双《そう》方向にコミュニケーションできるようになったのです。これは、マスメディアが主にになってきた情報伝達の仕組みや考え方を崩《くず》す大きな転換《てんかん》でした。

ソーシャルメディアはニュースの概念《がいねん》も変えつつあります。以前はニュースといえば新聞やテレビで報道されていることでしたが、ソーシャルメディアの時代では、自分や友人、家族が何をしたかなど身近な出来事もニュースになりました。日常的に持ち歩いている携帯《けいたい》電話によって、「半径五メートルのニュース」がすぐに発信できるようになったからです。

（平成28年度版　光村図書3年59ページ　藤代裕之「『想いのリレー』に加わろう」）

ア　ソーシャルメディアの登場によって、情報の発信者と受信者のコミュニケーションがリアルタイムに可能になった。

イ　ソーシャルメディアの登場は、情報伝達の仕組みや考え方を転換《てんかん》させ、身近な出来事がニュースとして発信可能になった。

ウ　ソーシャルメディアの登場によって、携帯《けいたい》電話を持つことが情報の発信者の必須《ひっす》条件となった。

4 次の文章の要旨として最も適切なものをあとから選び、記号で答えなさい。（25点）

また、情報は、意味との関係に注意する必要があります。たとえば「学校」という言葉を目にしたとき、わたしたちはすぐに、それが示す意味を理解するでしょう。しかし、それは「学校」という言葉、つまり、この「学校」という情報そのものにその意味が含《ふく》まれているからではありません。情報と意味とは別のものです。ですから「情報の意味」という表現があるとすれば、それは厳密にいえば「情報が示す意味」ということになります。

情報は、意味にたどり着くための道しるべです。なかでも言葉の情報は、一般《いっぱん》に道しるべの内容がはっきりしていて、それぞれにたどり着く先が明らかになっています。しかし、それは必ずしも固定したものではなく、さまざまな可能性がひらかれています。実際に意味へ至るのは、その情報とかかわる人、すなわち、わたしたち自身だからです。意味は、その情報との結びつけをするたびに新たに生まれるのです。

（平成14年度版　教育出版3年181〜183ページ　半田智久「情報社会を生きる」）

ア　情報は意味にたどりつくための道しるべであり、言葉の情報が最も信頼《しんらい》できる固定したものである。

イ　言葉の情報のたどり着く先ははっきりしていて、だれもが同じ情報の意味を得ることができる。

ウ　情報と意味は別のものであり、情報とかかわる人によって、意味は新しく生み出される。

5 筆者の意見と要旨

標準問題

得点 ／100点

学習日 ／ 日

1 次の文章を読んで、下の問いに答えなさい。

人々は自分の目でありのままを見ているつもりになっているが、実は、自分の目以上に、①自分のイメージで対象を見ているのである。そして現実の事物が自分のイメージどおりだったときに、初めて、それを生々しい現実だと思い、反対に、それが自分のイメージと著《いちじる》しく違《ちが》っていると、むしろ現実を非現実的のように思ってしまうのである。つまり、人間にとっては、自分の抱《いだ》いているイメージのほうが、現実そのものよりも現実的なのだ。だからシュメール*の聖塔《せいとう》や、エジプトのスフィンクスを写した僕《ぼく》の写真を見たとき、②友人は舌《した》打ちしたのである。それは彼《かれ》にとっては、遺跡《いせき》にあるまじき風景であり、およそ非現実的のように思われたのだ。

そういえば、何人かの仲間と遺跡の前に立ったとき、多少とも写真の心得のある連中は、必ず電線だの、電柱だの、マイクロバスだのをよけてカメラを構えた。

＊シュメール…古代メソポタミア南部の地域名。

（平成14年度版　東京書籍3年96・97ページ　森本哲郎「イメージからの発想」・『「私」のいる文章』より）

(1) ――線①「自分のイメージで対象を見ている」とは、どういうことですか。最も適切なものを次から選び、記号で答えなさい。（15点）

ア　自分の抱《いだ》いているイメージを現実と感じているということ。
イ　自分の目でありのままに現実を見ているということ。
ウ　自分の考えを常に変化させながら現実を見ているということ。

［　　］

(2) ――線②「友人は舌《した》打ちした」とありますが、その理由を筆者がどう考えているかを次にまとめました。［　　］にあてはまる言葉を文章中から書き抜《ぬ》きなさい。（各5点×2＝10点）

写真が自分の［　　］とあまりに違《ちが》うため、［　　］に思われたから。

(3) 筆者は、人間にとって現実よりも現実的なのは何だと述べていますか。文章中から十二字で書き抜きなさい。（20点）

［　　　　　　　　　　　　］

2 次の文章を読んで、下の問いに答えなさい。

私たちは、ふだん、何か新しいことを知るためや、疑問を解決するため、考える材料を得るためなどに、メディアを活用して情報を集めている。その際、どんな立場から、どんな情報源を使って発信されているか、なぜそうしているかなどについて、積極的に読み解いていくことが重要だ。そして、できる限り多様なメディアからの多様な情報を収集・分析《ぶんせき》・吟味《ぎんみ》することをとおして、主体的に情報を再構成していくことが求められる。

現在は、情報通信システムの発展により、誰《だれ》もが情報を発信できる時代になっている。これからは、[A]としてあらゆるタイプの情報と前向きにつき合うためだけでなく、[B]として効果的にメッセージを送り出すためのメディア・リテラシーがますます必要になってくる。

情報社会に生きる私たちは、それぞれのメディアの特性を理解し、私たち自身で情報社会をつくっていかなければならない。情報社会の未来は、前向きで創造力あふれる[C]を身につけた私たち一人一人の存在にかかっている。

（平成28年度版 三省堂3年135ページ 菅谷明子「情報社会を生きる――メディア・リテラシー」・『メディア・リテラシー――世界の現場から――』改より）

(1) ――線「メディアを活用して情報を集めている」とありますが、情報を集めるうえで注意することをまとめた次の文の□にあてはまる言葉を、文章中から書き抜《ぬ》きなさい。（10点×2＝20点）

誰《だれ》が、どんな立場や理由で、どんな□□□を使って発信しているかを読み解き、発信された情報を□□□に再構成する必要があること。

(2) [A]・[B]にあてはまる言葉を次から選び、それぞれ記号で答えなさい。（完答10点）

ア 送り手　イ 受け手

A □　B □

(3) [C]に入る言葉を文章中から探し、十字（符号《ふごう》も含《ふく》む）で書き抜きなさい。（10点）

(4) 筆者の意見として最も適切なものを次から選び、記号で答えなさい。（15点）

ア メディア・リテラシーを身につけた人が発信すべきだ。
イ 一人一人がメディア・リテラシーを身につけるべきだ。
ウ 情報社会での生き方を一人一人が真剣《しんけん》に考えるべきだ。

□

たしかめよう

完成問題①

得点　／100点

学習日　／　日

▼次の文章を読んで、下の問いに答えなさい。

「見たかね。」

「何を。」

「テレビだよ。この前の台風の被害《ひがい》があんなにひどいことになっていたとは思わなかったよ。①『百聞は一見にしかず』だね。特に〇〇テレビの映像は迫力《はくりょく》があったな。」

「なんかわけもなく涙《なみだ》が出てくるよね。」

「大変だなあと思ったけど、涙までは出てこなかったな。」

「テレビではそうなのかな。おじさんの家があるんで父と行ったんだけど、現地の惨状《さんじょう》を見たら②なんとも言えない気持ちになって、目頭が熱くなったよ。父もそうだった。」

「百聞は一見にしかず」とテレビに確信を持っていたテレビ派は黙《だま》ってしまった。テレビで見ることと体験することに、そんなに段差があるとは思ってもいなかったようだ。体験派からは、テレビ派の「迫力があった」などという、被害の状況《じょうきょう》を単なる映像としてとらえるような発言は間違《まちが》っても出てこない。人それぞれで受け止め方の違いはあるが、［a］が災害のテレビ報道を見ても、［b］のような「涙が出てくる」気持ちが起こりにくいのはなぜだろう。そして今、［c］の話にはっと胸を打たれ、その気持ちが分かるような気がするのはなぜだろう。深い難しい問題を投げかけている。

　これまでに、銃撃《じゅうげき》戦などが予想される事件の推移がテレビで

(1) ――線①「『百聞は一見にしかず』だね」とありますが、どのようなことを言おうとしていますか。最も適切なものを次から選び、記号で答えなさい。（10点）

ア　〇〇テレビの映像は台風の被害《ひがい》を迫力《はくりょく》満点で伝えること。

イ　テレビの映像を見れば現場の状況《じょうきょう》が一目で分かること。

ウ　現地の状況はその場に行かなければ分からないこと。

エ　テレビで見るより自分で体験することが大切であること。

［　　］

(2) ――線②「なんとも……目頭が熱くなった」とありますが、これと同じ気持ちを表す十一字の言葉を――線②の前から探して、書き抜《ぬ》きなさい。（10点）

［　　　　　　　　　　　］気持ち。

(3) ［a］～［c］にあてはまる言葉を次から選び、それぞれ記号で答えなさい。（各10点×3＝30点）

ア　テレビ派

イ　体験派

a［　］　b［　］　c［　］

現場中継《ちゅうけい》されたとき、③何時間も連続してほとんどの家庭がテレビをつけっぱなしにするという状況があった。私たちはただ、何かが起こるかもしれない決定的瞬間《しゅんかん》を見逃《みのが》したくないという未練でテレビを見続けていたのだ。突《つ》き放して考えてみれば、中継される銃撃戦の展開それ自体は、私たち全国の市民にどれだけの直接的な影響《えいきょう》をもたらすだろうか。あえて言えば、なんの関係もないのだ。私たちはただただテレビの現場中継の映像にとらえられ、次の瞬間に何が起こるのだろうかと目を凝《こ》らし、かたずをのんで何かを期待していたのだ。現場の恐怖感《きょうふかん》や悲しみなどほとんど無縁《むえん》の位置から、ひたすら傍観者《ぼうかんしゃ》として興味本位に見ていたのだ。

　連日、テレビや新聞が阪神《はんしん》・淡路大震災《あわじだいしんさい》の状況を報道している最中に、④「テレビの画面が現実隠《かく》す」という大きな見出しをつけた新聞記事があった。フランスの社会学者ジャン・ボードリヤール氏が実際に震災現場を訪れた際の発言だった。その中で氏は「TV《ティーヴィー》や映画の画面を指すスクリーンという言葉には、現実を映す鏡と同時に現実を隠すマスクという意味もある。現代の社会では、人々の想像力はTVの画面によって満たされているので、画面の外側の世界には想像力が及《およ》ばなくなっているのだ。」と述べている。

　テレビの画面が隠す現実とは何か。テレビの報道に接するとき、そこまで見透《みす》かす鋭《するど》い眼《め》を持っていなければならない。耳を澄《す》ませば、冒頭《ぼうとう》の何気ない会話からも⑤そのことが鮮《あざ》やかにうかがえるのだ。

（平成14年度版　東京書籍3年102〜105ページ　佐藤二雄「テレビとの付き合い方」・『テレビとのつきあい方』より）

(4) ——線③「何時間も……状況があった」とありますが、そのような状況になったのは、見ていた人々にどのような気持ちがあったからですか。次の□にあてはまる言葉を、文章中から十八字で書き抜きなさい。（20点）

□□□□□□□□□□□□□□□□□□があったから。

(5) ——線④「テレビ……隠《かく》す」とありますが、どのような意味ですか。最も適切なものを次から選び、記号で答えなさい。（10点）

ア　テレビの画面から現実が隠されることによって、人々の想像力がたくましくなっている。

イ　テレビの画面は現実を映しているのではなく、非現実的なことを映像にしている。

ウ　テレビで現実を見たことに満足し、画面の外側の世界に人々の想像力が及《およ》ばなくなっている。

エ　テレビが伝える映像は、現代の社会がかかえているさまざまな問題を浮《う》きぼりにしてしまう。

□

(6) ——線⑤「そのこと」はどのようなことを指していますか。「テレビの画面が隠す現実」「鋭《するど》い眼《め》」の二つの言葉を使い、文末を「〜こと。」という形にして書きなさい。（20点）

たしかめよう

完成問題②

得点 ／100点

学習日 ／ 日

次の文章を読んで、あとの問いに答えなさい。（2016年度静岡県入試問題改題）

新しいことを発見する力をつけるには、いま、専門の本だけを読んではいけないのである。いろんな本を、手当たり次第読む。乱読である。そうすると、読む側の頭に眠《ねむ》っていた関心とひびき合う考えに、偶然《ぐうぜん》の出会いをする。まず、何より不思議な喜びを覚える。おもしろいと感じる。新しいものを見つけたという気がする。

これが、小さいながらセレンディピティである。自分の専門とする分野の本を読んでいたのでは決しておこらないことが、乱読で得られる。

ⓐ

近代の人間は、日本だけでなく、どこの国においても、活字の方が話すことばより、高級であるという考え方にとらわれている。学問のある人間は、本を多く読んでいる。学問のない人、本を読まない人は、耳学問だと言って軽蔑《けいべつ》される。

頭のはたらきから言えば、話すのは書く以上に難しいらしい。ただ、書くには読み書きの技術を学ぶ必要があり、かつてそういうことを学ぶ人が少なかったため、多くはあきらめたのである。

知的活動として話すことはきわめて重要なものである。ときには、文章を書く以上に価値のあることもある。活字文化によってそのことがかくれてしまってきたのである。

知的雑談でするどい興味をかき立てられるのは、小さなセレンディピティがおこっているのである。そういうセレンディピティなら普通の人間でもときどき経験することができる。「きょうの会、おもしろかった。」とつぶやくようだったら、小さいながらセレンディピティがおこっていたのである。

乱読のセレンディピティがあると同じように乱談にもセレンディピティがある。

＊弁証法…対話や弁論の技術。　＊独語…ここでは、ひとりごと。
＊クラブ…共通の興味などを楽しむための集まり。
＊形式的論理…ここでは、結論に至るまでの道すじ。
＊アイデンティティ…他とはっきり区別される個性。

（外山滋比古「聴覚思考」より）

(1) 本文中のⓐで示した部分には、——線の部分の理由について、筆者の考えの要点が述べられている一文がある。その一文の、最初の五字を書き抜《ぬ》きなさい。（20点）

(2) 本文中の□の中に補う言葉として、最も適切なものを次から選び、記号で答えなさい。（25点）

ア 平然たる　イ 必然たる
ウ 整然たる　エ 雑然たる

□

話す、といっても、ひとりごとは別である。ひとりごとは、ことばらしいことばではない。相手がいるときの話は力をもっている。話すことばによる知的活動は、文字表現を支える論理とは異なるルールを求める。それを結晶《けっしょう》させたのが、*弁証法と呼ばれる。これは、*独語、執筆《しっぴつ》にあたっての個人的なことばでなく、コミュニケーションをベースにしていて創造的である。

三人以上が集まって話し合う、おしゃべりをするというのは、いかにも低次に生活的で、知的活動とは考えられないのが普通《ふつう》である。おしゃべりはムダ話としてバカにされている。

果たしてそうであろうか、と考えるところから活字文化とは違《ちが》った新しい文化が生まれる。

数人のものが*クラブのようなものをこしらえる。めいめいが違った仕事、専門をもっていることが望ましい。同業者だけというのは多く不毛である。異業種の人ばかりの集まりだと、めいめいが思う存分なことを言える。ときには自分でも考えたことがなかったようなことが、座の雰囲気《ふんいき》にあおられて飛び出すかもしれない。これもセレンディピティの一部だったりする。

ひとりひとりの言うことは、*形式的論理などは関係のない思考の断片である。同席の人たちがめいめいそういう点のような思考をふりまくから、□小世界がひらける。いろいろな種類の*アイデンティティの星のかがやく夜空のようだと考えられる。半分は意識下にあった関心も星のように飛び出るかもしれない。それが偶然に結び合って、爆発《ばくはつ》するということがおこる。

(3) **本文の表現の特徴《とくちょう》を説明したものとして、最も適切なものを次から選び、記号で答えなさい。**（25点）

ア 全文を通じて、主語と述語、修飾語《しゅうしょくご》と被《ひ》修飾語の倒置《とうち》が多くみられる。

イ 文末の表現に常体を交えることなく、一貫《いっかん》して敬体を用いて表現している。

ウ 論を展開していく過程で、具体例や比喩《ひゆ》表現を用いて説明を補足している。

エ 五音や七音の平易な和語を連続して用いることで、文章全体にリズム感を出している。

(4) **筆者は「乱読」におけるセレンディピティとはどのようなことだと述べていますか。「乱読」「意識下にある関心」という語を使って、五十字程度で書きなさい。**（30点）

1 場面をとらえる

基本問題①

得点
／100点

学習日
／ 日

確認

★ 次の小説を読み、あとの□に適切な言葉を書き抜いて、場面についてまとめなさい。（各7点×5＝35点）

十一月の終《おわ》り、祐太《ゆうた》は、ピカソ＊にもらった48色のパステルを持って、多摩蘭《たまらん》坂の横の丘《おか》に上った。ピカソにほめられた絵を、もう一度描《か》いてみようとしたのだった。

多摩蘭坂に映る木の影《かげ》はいっそう濃《こ》くなり、銀杏《いちょう》の葉は落ちて並木は枝ばかりが青空につきささるように目立った。

＊ピカソ…中学校の美術の教師。

（嵐山光三郎『夕焼け学校』集英社より）

時（いつ）…□の終《おわ》り。

場所（どこ）…多摩蘭《たまらん》坂の横の□の上。

登場人物（誰《だれ》）…□

できごと…□が□を描《か》こうとしている。

！ 小説を読むときは、まず、場面［時（いつ）・場所（どこ）・登場人物（誰）・できごと（どうした）］をとらえることが内容を読み取るために効果的です。

1 次の文章を読んで、あとの問いに答えなさい。（各5点×3＝15点）

上野《うえの》公園に古くからある西洋料理店へ、ルロイ修道士は時間どおりにやって来た。桜の花はもうとうに散って、葉桜にはまだ間があって、そのうえ動物園はお休みで、店の中は気の毒になるぐらいすいている。椅子《いす》から立って手を振《ふ》って居所を知らせると、ルロイ修道士は、「呼び出したりしてすみませんね。」と達者な日本語で声をかけながら、こっちへ寄ってきた。

（平成28年度版 光村図書3年18ページ 井上ひさし「握手」・『ナイン』より）

(1) この場面で、語り手はどこで、誰に会っているのですか。

どこ…〔　　〕

誰…〔　　〕

(2) 季節はいつですか。——線部を参考に□に合う漢字一字を答えなさい。

〔□の終わりごろ〕

2 次の文章を読んで、下の問いに答えなさい。

いつの頃《ころ》であったか。たぶん江戸《えど》で＊白河楽翁侯《しらかわらくおうこう》が＊政柄《せいへい》を執《と》っていた寛政《かんせい》の頃ででもあったろう。＊知恩院《ちおんいん》の桜が入相《いりあい》の鐘《かね》に散る春の夕べに、①これまで類のない、珍《めずら》しい罪人が＊高瀬舟《たかせぶね》に乗せられた。

それは名を喜助《きすけ》といって、三十歳《さい》ばかりになる、住所不定《ふじょう》の男である。もとより牢屋敷《ろうやしき》に呼び出されるような親類はないので、舟にもただ一人で乗った。

護送を命ぜられて、いっしょに舟に乗り込《こ》んだ＊同心羽田庄兵衛《はねだしょうべえ》は、ただ喜助が弟殺しの罪人だということだけを聞いていた。さて牢屋敷から桟橋《さんばし》まで連れてくる間、この痩《や》せ肉《じし》の、色の青白い喜助の様子を見るに、いかにも神妙《しんみょう》に、いかにもおとなしく、自分をば公儀《こうぎ》の役人として敬って、何事につけても逆らわぬようにしている。しかもそれが、罪人の間に往々見受けるような、温順をよそおって権勢にこびる態度ではない。

庄兵衛は不思議に思った。そして舟に乗ってからも、単に役目の表で見張っているばかりでなく、絶えず②喜助の挙動に細かい注意をしていた。

＊白河楽翁侯…「寛政の改革」を指導した松平定信《まつだいらさだのぶ》のこと。
＊政柄…政治を行う権力。
＊知恩院…京都にある浄土《じょうど》宗の総本山。
＊高瀬舟…京都の高瀬川を上下する船で、罪人を護送する。
＊同心…雑務、警察の仕事に携《たずさ》わった下級の役人。

（平成28年度版　光村図書3年81ページ　森鷗外「高瀬舟」・『鷗外全集第十六巻』より）

(1) ——線①のできごとは、いつ頃《ごろ》のことですか。次の□にあてはまる言葉を文章中から書き抜《ぬ》きなさい。（5点）

〔江戸《えど》時代、□の頃。〕

(2) ——線①の「罪人」について次のそれぞれの問いに答えなさい。

① 罪人の名前を書きなさい。（10点）

〔　　〕

② どんな罪を犯《おか》したのか、書きなさい。（10点）

(3) ——線②について次のそれぞれの問いに答えなさい。

① 「細かい注意をしていた」のは誰《だれ》ですか。漢字五字で答えなさい。（10点）

② 喜助《きすけ》の態度を述べた次の文の□にあてはまる言葉を、文章中から書き抜きなさい。（各5点×3＝15点）

〔いかにも□でおとなしく、何事にも□ようにしているが、決して□態度ではない。〕

1 場面をとらえる

基本問題②

得点
／100点
学習日
／ 日

1 次の文章を読んで、あとの問いに答えなさい。

行っても行っても、沿道の人家は戸を閉めていた。市内と違《ちが》って熱風の代わりに涼《すず》しい風が吹《ふ》き、田んぼの稲《いね》が葉波《はなみ》を寄せていた。山本《やまもと》駅の北側にあるカトリック教会の神父さんたちが、担架《たんか》を提げて韋駄天《いだてん》走り*で市内の方へ向かって駆《か》けていった。いつも僕《ぼく》が会社へ通勤の途中《とちゅう》、可部《かべ》行きの電車の中でよく見かける中年過ぎの神父さんがいた。この人は担架を提げた神父さんたちの群れからずっと後《おく》れ、息せききって向こうから駆けてきながら、すれ違《ちが》いに僕の顔をちらりと見て顎《あご》をしゃくった。僕は「ご苦労さんです。」と声をかけた。

＊韋駄天走り…非常に速く走ること。

（平成28年度版　学校図書3年72ページ　井伏鱒二「黒い雨」）

・どんな場面ですか。□にあてはまる言葉を、文章中から書き抜《ぬ》きなさい。（各6点×3＝18点）

神父さんたちが、□を提《さ》げて□で駆《か》ける様子や、「僕《ぼく》」と顔見知りの神父さんが□から緊急《きんきゅう》事態であることがわかる。

駆けてくる様子など

2 次の文章を読んで、あとの問いに答えなさい。

車内は満員になっていたが、どうにか割り込《こ》んでいって我々もデッキに立つことができた。僕は身動きもできなくて、すぐ鼻の先にある荷物を肩《かた》でじわりじわりと押《お》した。その荷物は、三十前後の端麗《たんれい》な顔つきの婦人がかついでいる白い布包みだが、どうも荷物らしくは思われない。そっと手で触《さわ》ってみると、人間の耳をなでる手応えを受けた。①布包みの中は子供らしいが、②こんなおんぶの仕方はない。この人混みの中では窒息《ちっそく》するに決まっている。言語道断である。

（平成28年度版　学校図書3年72ページ　井伏鱒二「黒い雨」）

(1) 「僕」がいる場所を□に文章中の言葉を書き抜いて答えなさい。（10点）

電車の□

(2) 「僕」が——線①のように思った理由がわかる一文*を探し、初めの五字を書き抜きなさい。（10点）

□

＊文…まとまった内容を表すひと区切り。終わりに「。」（句点）などがつく。

(3) ——線②とは、どんな様子についていった言葉ですか。次の文の□にあてはまる言葉を、文章中から書き抜きなさい。（12点）

人混みの中で、婦人が白い布包みに子供を入れて□様子。

3 次の文章を読んで、下の問いに答えなさい。

母は私に盆《ぼん》を手渡《てわた》し、笑《え》みを消した。①唇《くちびる》の前に、指を一本、立てる。

「けど、あんたたち笑い声が大きすぎる。前の往来は憲兵さんがときどき通らはるからね。あんまり大きな声が漏《も》れると、何を言われるかわからんよ。家の中に踏《ふ》み込《こ》まれたりしたら厄介《やっかい》やから。ちょっと静かにしといてや。」

やっぱりはしゃぎすぎたようだ。

この一年で、私たちの周りからずいぶん多くのものが消えていった。人の命、親しかった知人、ミシン、鉄製の道具、満足な食事、華《はな》やかな洋服、袂《たもと》の長い着物……みんな消えていった。笑いもそのうちの一つだ。

学校でも、地域でも、声をあげて笑う人などいない。

みんなの笑いはどこに行ってしまったのだろう。

私たちのうちには、まだこんなに豊かに渦巻《うずま》いているというのに。

「けど、ええねえ。やっぱり若い人の笑い声は、聞いてて気持ちええわ。②耳の保養をさせてもらった気がする。」

母は自分の耳を指さし、私たちを見回した。

(中略)

「きれいに、なりぃ。あんたたちは、これからいちばんきれいな年代になるんやからね。」

母はそれだけ言うと、部屋を出て行った。

(平成28年度版　三省堂3年79・80ページ　あさのあつこ「花や咲く咲く」)

(1) いつ頃《ごろ》の場面ですか。最も適切なものを選び、記号で答えなさい。(10点)

ア 戦争中　イ 終戦直後　ウ 現代

□

(2) ——線①「唇《くちびる》の前に、指を一本、立てる」とありますが、母はどんなことを伝えようとしたのですか。次の文の□にあてはまる言葉を、文章中から書き抜きなさい。(各10点×2＝20点)

外に□□□□が漏《も》れると憲兵に注意されるかもしれないので、□□□すること。

(3) ——線②「耳の保養をさせてもらった」とはどういうことですか。最も適切なものを選び、記号で答えなさい。(10点)

ア 耳を大事にしなければいけないと感じたこと。

イ 聞いていて心が安らぎ楽しくなったこと。

ウ 自分の耳で喜びを確かめることができたこと。

□

(4) 上の文章の場面の内容として最も適切なものを選び、記号で答えなさい。(10点)

ア 私と友人たちが外の様子を気にして笑い声を押《お》し殺している。

イ 笑い声を注意しながらも「私」たちの若さを母がたたえている。

ウ 「私」が若い人どうしではしゃいで、母にしかられている。

□

1 場面をとらえる

基本問題③

得点
／100点

学習日
／　日

1 次の文章を読んで、あとの問いに答えなさい。

文四郎《ぶんしろう》が川べりに出ると、隣家《りんか》の娘《むすめ》ふくが物を洗っていた。

「おはよう。」

と文四郎は言った。その声で、ふくはちらと文四郎を振《ふ》り向き、ひざを伸《の》ばして頭を下げたが声は出さなかった。今度は文四郎から顔を隠《かく》すように体の向きを変えてうずくまった。ふくの白い顔が見えなくなり、かわりにぷくりと膨《ふく》らんだしりがこちらに向いている。

――ふむ。

文四郎は苦笑いした。隣家の小柳甚兵衛《こやぎじんべえ》の娘ふくは、もっと小さいころからいったいにもの静かな子供だったが、それでも文四郎の顔を見れば、朝夕尋常《じんじょう》のあいさつをしていたのである。


（平成14年度版　光村図書3年98・99ページ　藤沢周平「蟬しぐれ（抄）」・『蟬しぐれ』より）

(1) この場面の登場人物の名前をすべて書きなさい。（完答10点）

(2) ――線部とは対照的な様子を述べたひと続きの二文を探し、初めと終わりの五字（句読点も含《ふく》む）を書き抜《ぬ》きなさい。（完答10点）

□□□□□ ～ □□□□□

2 次の文章を読んで、あとの問いに答えなさい。

[1]惜《お》しくも正月は過ぎて、ルントウは家へ帰らねばならなかった。別れがつらくて、私は声を上げて泣いた。ルントウも台所の隅《すみ》に隠《かく》れて、嫌《いや》がって泣いていたが、とうとう父親に連れてゆかれた。その後、彼《かれ》は父親にことづけて、貝殻《かいがら》を一包みと、美しい鳥の羽を何本か届けてくれた。私も一、二度何か贈《おく》り物をしたが、それきり顔を合わす機会はなかった。
[2]今、母の口から彼の名が出たので、この子供の頃《ころ》の思い出が、電光のように一挙によみがえり、私はやっと美しい故郷を見た思いがした。

※[1]・[2]は段落番号を表します。

（平成28年度版　光村図書3年111ページ　魯迅・竹内好訳「故郷」・『魯迅文集第一巻』より）

(1) ――線部のような思いがしたのはなぜですか。次の文の□にあてはまる言葉を文章中から書き抜きなさい。（各10点×2＝20点）

母から□の名を聞いて、□がよみがえったから。

(2) [1]段落と[2]段落で、場面はどう変わっていますか。次から選び、記号で答えなさい。（10点）

ア　冬から夏へ、季節が変わっている。
イ　過去から現在へと時が変わっている。

□

3 次の文章を読んで、あとの問いに答えなさい。

今のようにそっけない態度をとるようになったのはいつごろからかと、文四郎《ぶんしろう》は考えてみる。やはり一年ほど前からである。そのころに何かふくにうとまれるようなことをしたろうかと思うのだが、それには全く心当たりがなかった。

「そんなことは考えるまでもない。娘《むすめ》が色気《いろけ》づいたのよ。」
①その話をしたとき、親友の小和田逸平《おわだいっぺい》が露悪的《ろあくてき》な口ぶりで断定し、また、やはりそのときいっしょにいたまじめひと筋のもう一人の親友島崎与之助《しまざきよのすけ》が色気づくという言葉の意味がわからず、それをわからせるのに小和田といっしょに大汗《おおあせ》をかいたことを②思い出したが、文四郎は今でも小和田逸平の断定には疑いをもっている。

（平成14年度版　光村図書3年99・100ページ　藤沢周平『蟬しぐれ（抄）』・『蟬しぐれ』より）

(1) ——線①「その話」とはどんな話ですか。次の文の□にあてはまる言葉を文章中から書き抜《ぬ》きなさい。（各10点×2＝20点）

ふくが□□□□□□□をとるようになったが、文四郎《ぶんしろう》には全く□□□□がないという話。

(2) ——線②「思い出した」とありますが、回想の場面はどこからですか。初めの五字（符号《ふごう》も含《ふく》む）を書き抜きなさい。（10点）

□□□□□

4 次の文章を読んで、「私」と「ルントウ」の様子をあとのア～ウから一つずつ選び、記号で答えなさい。（各10点×2＝20点）

私は、感激で胸がいっぱいになり、しかしどう口をきいたものやら思案がつかぬままに、ひと言、

「ああルンちゃん——よく来たね……。」

続いて言いたいことが、後から後から、数珠《じゅず》つなぎになって出かかった。チアオチー、跳《は》ね魚、貝殻《かいがら》、チャー……。だが、それらは、何かでせき止められたように、頭の中を駆《か》け巡《めぐ》るだけで、口からは出なかった。

彼《かれ》は突《つ》っ立ったままだった。喜びと寂《さび》しさの色が顔に現れた。唇《くちびる》が動いたが、声にはならなかった。最後に、うやうやしい態度に変わって、はっきりこう言った。

「旦那《だんな》様！……。」

私は身震《みぶる》いしたらしかった。悲しむべき厚い壁《かべ》が、二人の間を隔《へだ》ててしまったのを感じた。私は口がきけなかった。


（平成28年度版　光村図書3年114ページ　魯迅・竹内好訳「故郷」・『魯迅文集第一巻』より）

ア 互《たが》いの再会に感激するが、二人を隔《へだ》てる壁《かべ》を感じて悲しみに襲《おそ》われる。

イ 再会の喜びと同時に、二人の境遇《きょうぐう》の隔たりから寂《さび》しさは隠《かく》せず、最後にはうやうやしい態度へと変化する。

ウ 互いの再会を喜び、過去のことをなつかしく思い出して話が尽《つ》きないでいる。

私…□　ルントウ…□

1　場面をとらえる

標準問題

得点
／100点

学習日
／　日

1　次の文章を読んで、下の問いに答えなさい。

①教室の中は、沸《わ》き立っていた。

模擬《もぎ》テストの成績というのは、公立中学の三年生にとっては、最大の関心事だ。結果がよかったやつも悪かったやつも、興奮気味に、歓声《かんせい》をあげたり嘆《なげ》いたりしている。ざわついた空気が、胸を押《お》しつける。

「なんだか、元気ないな。」

斜《なな》め前の席にいる東山《ひがしやま》が、振《ふ》り返って尋《たず》ねた。東山だけは、冷静だ。

「気分が乗らないんだ。こんなことに一喜一憂《いっきいちゆう》してもしようがないだろう。」

「僕《ぼく》もそう思う。試験に失敗したって、命を取られるわけじゃない。」

東山は軽い気持ちで口にしたのだろうが、②「命」という言葉が、ずしりと胸に食い込《こ》んできた。

僕の顔色が変わったのに気づいたのか、東山は心配そうに僕を見つめた。

「ほんとに、気分が乗らないみたいだな。」

僕は黙《だま》って、小さくうなずいた。

（平成14年度版　東京書籍3年60ページ　三田誠広「いちご同盟」）

(1)　——線①とありますが、教室が「沸《わ》き立っていた」のはなぜですか。文章中の言葉を用いて答えなさい。（20点）

から。

(2)　——線①と対照的な人物の様子が書かれた一文を探し、初めの五字を書き抜《ぬ》きなさい。（10点）

(3)　——線②とありますが、このため「僕《ぼく》」はどうなりましたか。文章中から七字で書き抜きなさい。（10点）

(4)　——線②からどんなことが考えられますか。最も適切なものを次から選び、記号で答えなさい。（10点）

ア　「命」という言葉から、東山《ひがしやま》の暗い気分が伝わってきたこと。

イ　「命」という言葉の響《ひび》きで、命の尊さを初めて実感したこと。

ウ　「命」という言葉をきっかけに、僕が切実な思いにとらわれたこと。

2 次の文章を読んで、下の問いに答えなさい。

とうに戦死の公報が来て、菩提寺《ぼだいじ》の市井《いちい》家代々の墓に遺品によって葬《ほうむ》ってあった長兄が、玄関《げんかん》の横手の木戸をギーときしませて現れた時、①折から庭を掃《は》いていた母は危うく失神《しっしん》しかけたという。ぼくは、勝手に自分の書斎《しょさい》と決めこんでいた土蔵《どぞう》の二階の明かり窓の下で芥川龍之介《あくたがわりゅうのすけ》を読んでいたので何も気がつかなかった。

「典生《のりお》！　典生！」

遠くから呼ぶ母の声は、食事を知らせるいつもとは少し違《ちが》うような気もしたが、ぼくはそれからしばらく、本をきりのいいところまで読んでから腰《こし》を上げ、暗い階段をゆっくり降りて厚く重い扉《とびら》を開けた。急に襲《おそ》う春の日ざしが目に痛いことはわかっていたので、ぼくはあらかじめまぶたを細くすぼめていた。

目を開けてみておどろいた。②くまのような黒い大きな影《かげ》が、逆光を背に受けて入り口に立ちはだかっていたのである。

「きさまか、典生は。」

「はい。」

――一範《かずのり》兄さん！

のどが引きつったように声が出なかった。

ただ、③ぼくの目はまん丸になっていたはずだ。

「青白い顔しやがって。少しは運動せい。」

そう言う兄の顔にかすかに笑いがうかんだ。

ぼくの心中では、喜びよりもおどろきが勝《まさ》っていたように思う。それに混じって、十四年上のこの長兄にかすかに反感を覚えた。

（平成14年度版　教育出版3年103～105ページ　赤瀬川隼「一塁手の生還」・『ダイヤモンドの四季』より）

(1) ――線①について、次のそれぞれの問いに答えなさい。

① 「失神しかけた」のはなぜですか。文章中の言葉を使い、文末を「～から。」という形にして三十字以内で書きなさい。（10点）

② このとき「ぼく」はどこで何をしていましたか。文章中から二十五字以内で書き抜《ぬ》きなさい。（10点）

(2) ――線②「くまのような黒い大きな影《かげ》」とは何ですか。文章中から五字で書き抜きなさい。（10点）

(3) ――線③と対照的な「ぼく」の表情を文章中から十二字で書き抜きなさい。（10点）

※文（内容のひとまとまり）の一部を書き抜くときは、文末の句点（「。」）は書き抜きません。

(4) ――線③のときの「ぼく」の気持ちを最もよく表している言葉を文章中から探し、四字で書き抜きなさい。（10点）

2 心情を読み取る

基本問題①

得点
／100点

学習日
／ 日

確認

★次の文章を読み、あとの□にあてはまる言葉を書き抜《ぬ》いて、登場人物の心情についてまとめなさい。（各10点×2＝20点）

①電話を切ってから、由美《ゆみ》はふいに寂《さび》しさを感じた。理由は分からないのだが、自分独りがどこか意固地になって生きているような気がした。自分は独りなのだ、と思った。茂《しげる》はいるのだけど、女として寂しい日々を送っているように思えた。悟《さとる》が死んでからの五年間、②何かの拍子《ひょうし》に頭をもたげそうになる孤独《こどく》に由美は知らんふりをして生きてきた。

（平成28年度版 学校図書3年238ページ 伊集院静「夕空晴れて」・『受け月』より）

心情が直接表される……——線①の由美《ゆみ》の気持ちは、□という言葉に表されている。

心情が間接的に表される……——線②は、由美が□に気づきながらも、それを振《ふ》り払《はら》って生きてきたことを表す。

！ 登場人物の心情を読み取るには、心情を直接表す言葉や、様子・行動・表情・態度に注目しましょう。また、情景にも注目して、暗示・象徴《しょうちょう》されている心情を読み取りましょう。

1 次の文章を読んで、あとの問いに答えなさい。

古い家はますます遠くなり、故郷の山や水もますます遠くなる。だが名残惜《なごりお》しい気はしない。①自分の周りに目に見えぬ高い壁《かべ》があって、その中に自分だけ取り残されたように、気がめいるだけである。すいか畑の銀の首輪の小英雄《えいゆう》の面影《おもかげ》は、元は鮮《せん》明《めい》このうえなかったのが、②今では急にぼんやりしてしまった。これもたまらなく悲しい。

（平成28年度版 光村図書3年118ページ 魯迅・竹内好訳「故郷」・『魯迅文集第一巻』より）

(1) 故郷をあとにする思いを表す言葉を、文章中から十字で書き抜きなさい。（10点）

は

(2) ——線①の時の心情として最も適切なものを次から選び、記号で答えなさい。（10点）

ア 恐怖《きょうふ》感
イ 孤立《こりつ》感
ウ 不快感

(3) ——線②についての気持ちを表す言葉を、文章中から八字で書き抜きなさい。（10点）

2　次の文章を読んで、あとの問いに答えなさい。

素手《すで》で受けてみると思ったより茂《しげる》の投げるボールは重かった。

「痛い。」

「グローブを貸そうか。」

「平気、平気。」
①てのひらの痛さは息子《むすこ》の重さだと思った。
それでも茂はグローブを渡《わた》してくれた。

「いいのよ、そんなに優《やさ》しく投げなくったって。」

「いいよ。」
②優しい子なのだと思った。とんでもない場所へ由美《ゆみ》がボールを投げてしまっても茂はそれを走って拾いに行き、柔《やわ》らかなボールを返してくる。それがどこか頼《たの》もしくて、無性《むしょう》にうれしかった。

（平成28年度版　学校図書3年243・244ページ　伊集院静「夕空晴れて」・『受け月』より）

(1) ――線①は、どのようなことを表していますか。次の文の□にあてはまる言葉を文章中から書き抜《ぬ》きなさい。（各10点×2＝20点）

てのひらの□□からわかったボールの予想外の□□に、由美《ゆみ》が息子《むすこ》の成長を実感していること。

(2) ――線②のほかに、由美の茂《しげる》に対する思いが表現された一文を探し、その初めの四字を書き抜きなさい。（10点）

□□□□

3　次の文章を読んで、あとの問いに答えなさい。

茂《しげる》のボールを取り損《そこ》なって、由美は草むらを走った。草の中の白いボールを拾おうとした瞬間《しゅんかん》、
①――いつかこいつとキャッチボールができるかな……。
その言葉はふいに由美の耳の奥《おく》に聞こえてきた。甘《あま》い匂《にお》うようなささやきだった。

由美は思わずボールを持ったまま空を見上げた。

「どうしたの、ママ。」
②そこには青空がいわし雲を西へ押《お》しのけながら広がっていた。空が膨《ふく》らんでいるように思えた。どこかで草が風に鳴る音がした。すると雨垂《あまだ》れが一粒《ひとつぶ》頬《ほお》に落ちてきたように冷たいものが目尻《めじり》から耳たぶにこぼれた。

（平成28年度版　学校図書3年244ページ　伊集院静「夕空晴れて」・『受け月』より）

(1) ――線①の言葉を由美はどのようなものとして聞きましたか。それが書かれた一文を探し、初めの四字を書き抜きなさい。（10点）

□□□□

(2) ――線②の情景は、由美のどんな気持ちを象徴《しょうちょう》していると考えられますか。最も適切なものを次から選び、記号で答えなさい。（10点）

ア　つらく悲しい思いに胸がふさがれるような気持ち。
イ　しみじみとした思いに心が膨《ふく》らむような気持ち。
ウ　孤独《こどく》な寂《さび》しさに心がつぶれるような気持ち。

□

2 心情を読み取る

基本問題②

得点
／100点

学習日
／　日

1 次の文章を読んで、下の問いに答えなさい。

（「僕《ぼく》」は無個性な笑顔《えがお》の仮面をつけることが義務になっている社会で生きている。（要約））

その朝も目を覚ますと①仮面をつけ、鏡に向かった。偽物《にせもの》の笑顔がそこにある。人工的すぎる、口もとだけでしか笑っていない。その他の部分は、目も頬《ほお》も無表情ですらある。そしてなによりも、その無個性な笑顔はみんなと同じなのだ。人と同じであることは幸福なのだとみんなは言うが、僕はそれに息苦しさを感じている。

鏡の中の僕の顔は笑っている。みんなと同じ、昨日の僕と同じ、そして明日と同じ笑顔なのだろう。しかし、仮面の下の僕は泣いている。僕は僕でありたい。僕はいろんな表情をもちたいと、叫《さけ》んでいる。②鏡の中の仮面はそれを隠《かく》している。

学校へ向かう僕はみんなと同じ笑顔をしている。③黙々《もくもく》と人波が過ぎていく。彼《かれ》らは仮面の下で、どんな顔をしているのだろう。僕のように、疑問や怒《いか》りを感じることはないのだろうか。

（平成28年度版　教育出版3年296ページ　すやまたけし「素顔同盟」・『火星の砂時計』より）

---

(1) ――線①の「仮面」を「僕《ぼく》」はどう思っていますか。次の□にあてはまる言葉を、文章中から書き抜《ぬ》きなさい。（各5点×3＝15点）

あまりに□□□で、口もと以外は□□な□□の笑顔《えがお》である。

(2) ――線②とありますが、仮面は「僕」のどんな思いを隠《かく》していますか。次の文の□にあてはまる言葉を、文章中から書き抜きなさい。（各5点×2＝10点）

みんなと同じ仮面をつけることへの疑問や□□、そして「□□□□□□□□」という願い。

(3) ――線③の情景に「僕」が感じていることとしてあてはまらない**ものを一つ選び、記号で答えなさい。**（15点）

ア　不気味さ　　イ　不自然さ
ウ　すばらしさ　エ　恐《おそ》ろしさ

□

2 次の文章を読んで、下の問いに答えなさい。

厳しい寒さの中を、二千里の果てから、別れて二十年にもなる故郷へ、私は帰った。

もう真冬の候であった。そのうえ、故郷へ近づくにつれて、空模様は怪《あや》しくなり、冷たい風がヒューヒュー音を立てて、船の中まで吹《ふ》き込《こ》んできた。苫《とま》のすき間から外をうかがうと、鉛《なまり》色《いろ》の空の下、わびしい村々が、いささかの活気もなく、あちこちに横たわっていた。覚えず①寂寥《せきりょう》の感が胸に込《こ》み上げた。

②ああ、これが二十年来、片時も忘れることのなかった故郷であろうか。

私の覚えている故郷は、まるでこんなふうではなかった。私の故郷は、もっとずっとよかった。その美しさを思い浮《う》かべ、その長所を言葉に表そうとすると、しかし、その影《かげ》はかき消され、言葉は失われてしまう。やはりこんなふうだったかもしれないという気がしてくる。そこで私は、こう自分に言い聞かせた。もともと故郷はこんなふうなのだ――進歩もないかわりに、私が感じるような寂寥もありはしない。③そう感じるのは、自分の心境が変わっただけだ。なぜなら、今度の帰郷は決して楽しいものではないのだから。

今度は、故郷に別れを告げに来たのである。私たちが長いこと一族で住んでいた古い家は、今はもう他人の持ち物になってしまった。明け渡《わた》しの期限は今年いっぱいである。どうしても旧暦《きゅうれき》の正月の前に、住み慣れた古い家に別れ、なじみ深い故郷をあとにして、私が今暮らしを立てている異郷の地へ引っ越《こ》さねばならない。

（平成28年度版　光村図書3年106・107ページ　魯迅・竹内好訳「故郷」・『魯迅文集第一巻』より）

(1) ――線①「寂寥《せきりょう》の感」（わびしく、もの寂《さび》しい感じ）は、情景描写《びょうしゃ》の中にも象徴的《しょうちょうてき》に表現されています。情景を表す次の表現の□にあてはまる言葉を、文章中から書き抜《ぬ》きなさい。（各5点×6＝30点）

〔真冬の厳しい □□〕

〔怪《あや》しい □□□〕

〔船に吹《ふ》き込《こ》む □□□□〕

〔□□□ の空〕

〔□□ なく横たわる □□□□ 村々〕

(2) ――線②から、「私」のどんな気持ちが読み取れますか。最も適切なものを次から選び、記号で答えなさい。（10点）

ア 期待　イ 感動

ウ 落胆《らくたん》　エ 恐怖《きょうふ》

□

(3) ――線③とはどういうことですか。次の文の□にあてはまる言葉を文章中から書き抜きなさい。（各5点×4＝20点）

〔「私」が □□ に対して □□ を感じるのは、今度の帰郷が故郷に □□ を告げるためであり、決して □□□ ものではないからだ、ということ。〕

2 心情を読み取る

基本問題③

得点　／100点

学習日　／　日

1 次の文章を読んで、下の問いに答えなさい。

［「僕《ぼく》」は無個性な笑顔《えがお》の仮面をつけることが義務になっている社会で生きているが、いろんな表情をもちたいと願っている。］

イチョウの木の陰《かげ》に女の子がいた。僕と同じぐらいの年齢《ねんれい》だろう。街から隠《かく》れるようにして、向こう岸を見ていた。僕は気づかれないように何本か離《はな》れたイチョウの木のそばで彼女《かのじょ》を見守った。彼女の顔はみんなと同じ笑顔だった。ところが、彼女は次に、両手で仮面を覆《おお》うと、そっとそれを外したのだ。①僕は思わず息を止めた。事の重大さに胸をどきどきさせながら周りを見回してみたが、誰《だれ》もいなかった。

②彼女は素顔《すがお》になると、遠くの森をもう一度見つめ直した。彼女の素顔は寂《さび》しそうで、悲しみさえたたえていた。そして、美しかった。

僕は彼女のその行為《こうい》が違法《いほう》であることがわかっていながら、不思議ととがめる気持ちにもならなかったし、警察に通報しようとも思わなかった。彼女は僕と同じ側にいる人間にちがいなかった。③初めて同類に会えたのだ。

（平成28年度版　教育出版3年298ページ　すやまたけし「素顔同盟」・『火星の砂時計』より）

［　］部分要約

(1) ——線①のときの「僕《ぼく》」の心情として最も適切なものを次から選び、記号で答えなさい。(10点)

ア　歓喜《かんき》と安心　　イ　驚《おどろ》きと緊張《きんちょう》

ウ　期待と不安　　エ　後悔《こうかい》と反省

(2) ——線②とありますが、「僕」は彼女《かのじょ》の素顔《すがお》をどのように感じましたか。文章中の言葉を使って書きなさい。(15点)

(3) ——線③について、次のそれぞれの問いに答えなさい。

① 「同類」と同じ意味の表現を、文章中から十字で書き抜《ぬ》きなさい。(15点)

② ——線③にこめられた「僕」の気持ちとして最も適切なものを次から選び、記号で答えなさい。(10点)

ア　彼女が自分と同類であることをとがめる気持ち。

イ　彼女が自分と同類であることを喜ぶ気持ち。

ウ　彼女が自分と同類であることを悲しむ気持ち。

2 次の文章を読んで、下の問いに答えなさい。

徹也《てつや》の周りを取り巻いているのは、三年生の女の子だった。同じクラスの子もいる。顔は知っているけれども、親しくはないので、話に割り込《こ》む気にはなれなかった。

笑い声が起こった。徹也が冗談《じょうだん》を言ったのだろう。①女の子たちは体を揺《ゆ》すって笑い、本人も気持ちよさそうに笑っている。

直美《なおみ》の再手術を伝えてきたときの電話の声を思い起こした。あのときの徹也とは、別人みたいだ。

グラウンドでは、一、二年生の野球部員たちが、ノックに汗《あせ》を流していた。威勢《いせい》のいいかけ声が周囲に響《ひび》き渡《わた》っている。遠くから、別のクラブの生徒たちのかけ声も聞こえてきた。重苦しい空模様だが、グラウンドには活気がみなぎっている。②空模様と同じようにふさぎ込んでいるのは、僕《ぼく》一人なのかもしれない。

僕はグラウンドに背を向け、校門のほうに戻《もど》り始めた。

「北沢《きたざわ》。待てよ。」

徹也の声が追いかけてきた。僕はかまわず歩き続けた。

校門の手前で、徹也が追いついた。

「待て。話がある。」

僕は足を止めた。徹也は前に回り込んで、僕の顔を見つめた。

「怒《おこ》ってるのか。」

徹也は言った。□顔つきだ。

僕は黙《だま》っていた。

「病院で直美が苦しんでいるのに、おれが女に囲まれて笑っているのが、気に入らないんだろう。」

（平成14年度版　東京書籍3年55・56ページ　三田誠広「いちご同盟」）

(1) ――線①の徹也《てつや》の様子を見た「僕《ぼく》」の気持ちとして、最も適切なものを次から選び、記号で答えなさい。（10点）

ア　笑ったり冗談《じょうだん》を言ったりしている徹也に腹を立てている。

イ　どんなことにも動じない徹也に感心している。

ウ　女の子に囲まれている徹也を羨《うらや》ましく思っている。

□

(2) ――線②の「僕」の気持ちを説明した次の文の□にあてはまる言葉を、文章中から書き抜《ぬ》きなさい。（各10点×3＝30点）

電話をしてきたときとは□□のように明るい徹也の様子を目にしたり、野球部員の威勢《いせい》のいい□□□を耳にしたりすると、□□□□空模様と同じように沈《しず》んでいるのは自分だけなのではないかと、孤立感《こりつかん》を覚えている。

(3) 〰〰線部を参考にして、□にあてはまる言葉を次から一つ選び、記号で答えなさい。（10点）

ア　陽気な

イ　真剣《しんけん》な

ウ　明るい

□

②　心情を読み取る

標準問題

得点　／100点

学習日　／　日

1 次の文章を読んで、下の問いに答えなさい。

ホイッスルが鳴った。スタート台に立つと、時々こんなことを思う。

『何でもそうだが、何かを始める時の自分が①……。』

「位置に着いて！　用意！」

『何かを始める時の自分が、いちばん臆病《おくびょう》で、そしていちばん勇敢《ゆうかん》だ。』

「スタート！」

最高のスタートを切って水の中に飛び込《こ》んだ。てのひらが水をつかんでいる[A]手応えがある。体が水に乗っている[B]感触《かんしょく》がある。

五十メートルのターンを切った所で有り余る力を感じた。先頭を泳いでいるのは確かだった。勢い余って、②今にも体が水面から飛び上がりそうな気さえする。

壁《かべ》に激突《げきとつ》する勢いでゴールし、振《ふ》り返って電光掲示板《けいじばん》を見ると、いちばん上にボクのタイムがある。

観客席からみんなの歓声《かんせい》が聞こえた。五十六秒九九。

③とうとうボクは、五十七秒の壁を破った。聖《せい》マリの田島《たじま》の記録には及《およ》ばなかったが、予選を二位で通過することになった。

（平成28年度版　学校図書3年21ページ　吉田修一「Water」・『最後の息子』より）

(1) ――線①「……」の部分に入る十八字の言葉を文章中から探し、初めの五字を書き抜《ぬ》きなさい。　(10点)

(2) 文章中の[A]・[B]には同じ言葉が入ります。その言葉として最も適切なものを次から選び、記号で答えなさい。　(10点)

ア　あやふやな　　**イ**　確かな　　**ウ**　広い

(3) ――線②「今にも体が水面から飛び上がりそうな気さえする」とありますが、このときの「ボク」の気持ちとして最も適切なものを次から選び、記号で答えなさい。　(20点)

ア　先頭にいることが分かって、うれしい。

イ　タイムが五十七秒を切ったのを知ってうれしい。

ウ　みんなの歓声《かんせい》が聞こえたので、早くゴールしたい。

(4) ――線③「とうとう」には「ボク」のどのような気持ちが込《こ》められていますか。最も適切なものを次から選び、記号で答えなさい。　(10点)

ア　失望感　　**イ**　期待感　　**ウ**　達成感

2 次の文章を読んで、下の問いに答えなさい。

「少年」は広島で被爆《ひばく》した時のことを話した。（要約）

この少年は火の玉がひらめいた時には家の中にいた。ぱっと光を感じ、ゴウッという音がしたので外に飛び出そうとした。同時に家が崩《くず》れて失神した。気がついた時には、うつばりか何か太い木材の間に挟《はさ》まって、自分の父親がその木材を取りのけようとしているところであった。父親は「しっかりせえ。」と励《はげ》ましながら、少年の足を挟んでいる木材を持ち上げようと丸太をてこに使っていた。もう火の手が迫《せま》ってきて、崩れた自分の家に火が燃え移っていた。父親は「おい早く足を抜《ぬ》け。」と言ったが、足首を木が挟んで動かせない。火事は三方から迫っていた。父親は辺りを見回して①「もうだめじゃ、勘弁《かんべん》してくれ。わしは逃《に》げる。勘弁してな。」と言ったかと思うと、丸太を放り投げて逃げ出した。少年は「お父さん、助けて。」と叫《さけ》んだが、父親は一度振《ふ》り向いて見るだけで消え去った。少年はがっかりして材木と材木の間に身を沈《しず》めたが、足首の束縛《そくばく》を不意に感じなくなったので木材と木材の間からはって出た。

魔法《まほう》の環《わ》のように不思議に抜け出せた。それで火事の切れ目に通じる道を駆《か》け抜けて、三滝町《みたきまち》のおばさんのうちへ駆けつけると父親がいた。幸か不幸か、②父子のこんな対面にはおばさんも言う言葉がなかったようであった。父親はなんとも間の悪いような顔をした。少年は③その場を逃げ出して、なくなった母親の里へ行くために、現在、可部《かべ》行きのこの電車に乗っている。

（平成28年度版　学校図書3年77・78ページ　井伏鱒二「黒い雨」）

(1) ――線①について、次のそれぞれの問いに答えなさい。

① この時まで父親が、少年を励《はげ》ましながら助けようと努力していたことがわかる一文を文章中から探し、その初めの七字（符《ふ》号《ごう》も含《ふく》む）を書き抜《ぬ》きなさい。（10点）

□□□□□□□

② この時の父親の気持ちとしてあてはまるものを、次から一つ選び、記号で答えなさい。（10点）

ア 息子《むすこ》はきっと誰《だれ》かが助けてくれるだろう。

イ このままでは二人とも焼け死んでしまうだろう。

ウ 助ける努力はしたので息子も許してくれるだろう。

□

(2) ――線②の対面で、父親はどんな顔をしていましたか。次の□にあてはまる言葉を、文章中から書き抜きなさい。（各10点×2＝20点）

息子の無事はうれしかったが、自分だけが□□□□行為《こうい》を恥《は》ずかしく思い、□□ような顔をしていた。

(3) ――線③「その場を逃《に》げ出して」とありますが、この時の少年の気持ちとして適切なものを次から選び、記号で答えなさい。（10点）

ア 父親に対する信頼《しんらい》が崩《くず》れ、傷ついている。

イ 父親の複雑な気持ちを察して同情している。

ウ 父と子の情けない姿をおばさんに見られたくない。

□

3 人物像をつかむ

基本問題①

得点
／100点
学習日
／　日

確認

★ 次の文章を読み、あとの□にあてはまる言葉を文章中から書き抜《ぬ》いて、登場人物についてまとめなさい。（各10点×2＝20点）

浜松《はままつ》にいる母から手紙が届いた。
手紙には、女手一つで子供を育てるのは大変だろうから、そろそろ再婚《さいこん》のことを考えてみてはどうかということと、浜松の方に由美《ゆみ》に合いそうな相手がいるので一度会ってみる気はないか、という内容がつづってあった。

（平成28年度版　学校図書3年237ページ　伊集院静「夕空晴れて」・『受け月』より）

人物の置かれた状況《じょうきょう》

由美《ゆみ》…□で子供を育てている。

登場人物の言動・関係

由美の母…浜松《はままつ》に暮らしていて、由美に□を勧《すす》める手紙をよこした。

！ 人物像をとらえるときは、性格を直接表す言葉や置かれた状況、言動、人物どうしの関係に注目しましょう。

1 次の文章を読んで、由美の状況についてまとめたあとの□にあてはまる言葉を、文章中から書き抜きなさい。（各5点×6＝30点）

夫の悟《さとる》が亡《な》くなった五年前、浜松《はままつ》の実家へ帰ってきてほしいと母は懇願《こんがん》した。由美はどうしてあの時この町を離《はな》れることができなかったのか分からない。今でこそ東京《とうきょう》のベッドタウンとなって、新しい住宅がどんどん開発され大きな田園都市のようになっているこの町も、由美が小学校の教師として赴任《ふにん》してきた時は、雑木林ばかりが目立つ田舎《いなか》町だった。
浜松の高校を卒業し、横浜《よこはま》の美術短大へ進んだのが十八歳《さい》の時だった。教員免許《めんきょ》を取り、採用された学校は彼女《かのじょ》の希望した横浜と違《ちが》ったが、緑の多い武蔵野《むさしの》にある、のどかな町はなんとなくのんびり屋の自分に合いそうな気がした。

（平成28年度版　学校図書3年237ページ　伊集院静「夕空晴れて」・『受け月』より）

・由美は□の高校を卒業し、□の美術短大に進み、□にある小学校の□となった。

・五年前に夫の□が亡《な》くなった。

・由美は自分を□だと思っている。

2 次の文章を読んで、あとの問いに答えなさい。

文四郎《ぶんしろう》は玄関《げんかん》を出ると、手ぬぐいをつかんで家の裏手に回った。万事に堅《かた》苦しい母は、家の者が井戸《いど》を使わず裏の流れで顔を洗うのをはしたないと言って喜ばないけれども、文四郎は晴れている日はつい外に気を引かれて小川のそばに出る。父だってときどきは小川で顔を洗い、大声で近隣《きんりん》の者とあいさつを交わしたりするのだからかまわないだろうと思っていた。文四郎は牧《まき》の家の養子で、母親が実父の妹つまり叔母《おば》なのだが、文四郎はどちらかというと堅苦しい性格の母親よりも、血のつながらない父親のほうを敬愛していた。父の助左衛門《すけざえもん》は寡黙《かもく》な人間だった。

（平成14年度版　光村図書3年97・98ページ　藤沢周平「蟬しぐれ（抄）」・『蟬しぐれ』より）

(1) 文四郎《ぶんしろう》の母親の性格を文章中から四字で書き抜《ぬ》きなさい。（10点）

□□□□

(2) 養子である文四郎にとって、母親は実際は何にあたるのですか。文章中から二字で書き抜きなさい。（10点）

□□

(3) 文四郎からみた父親はどんな人物ですか。次の□にあてはまる言葉を、文章中から書き抜きなさい。（各5点×2＝10点）

〔□□な人間で、文四郎は母よりも□□していた。〕

3 次の文章を読んで、あとの問いに答えなさい。

茂《しげる》＊が少年野球へ出かけた後で由美《ゆみ》は浜松《はままつ》の実家へ電話を入れた。父が出た。

「元気でやっとるのか。」

「ええ、父さん、肝臓《かんぞう》の具合はどう。」

「相変わらずだ。茂は元気か。」

「ええ。今日も早くから野球の練習に行ったわ。」

「そうか、こっちにも少年野球のチームはたくさんあるぞ。」

「そうね。」

父は由美たちに帰ってほしいことを遠回しに言っている。

＊茂…由美の一人息子《むすこ》。

（平成28年度版　学校図書3年238ページ　伊集院静「夕空晴れて」・『受け月』より）

(1) 由美《ゆみ》は父親の何を心配していますか。文章中から五字で書き抜きなさい。（10点）

□□□□□

(2) 由美の父は何を望んでいますか。次の文の□にあてはまる言葉を文章中から書き抜きなさい。（各5点×2＝10点）

〔由美と□が□□□□に帰ってくること。〕

3 人物像をつかむ

基本問題②

得点　／100点

学習日　／　日

1 次の文章を読んで、下の問いに答えなさい。

そういえば思い出す。ぼくがやっともの心ついたころ、三人の兄たちは家の前の路地でよくキャッチボールをやっていた。たぶんその時は軟球《なんきゅう》でやっていたのだろう。それでも、見ているぼくの目の前をすごいスピードでびゅんびゅん飛び交《か》い、怖《こわ》かった。①ぼくは兄たちから、ちょろちょろするなと命ぜられ、小杉《こすぎ》の生け垣《がき》にへばりついて見ていた。

そのうちに一範《かずのり》兄だけがキャッチボールをやらなくなったのである。そしてほかの二人の兄も、一範兄が家にいない時だけ少しやる程度になった。ぼくは一度、いちばん下の兄に、一範兄がなぜやらなくなったのかをきいたことがある。たしか「うるさい。」と一蹴《いっしゅう》されたのだった。ぼくが小学生になり一範兄が出征《しゅっせい》したあとも、ぼくは次兄に、一範兄がF中野球部にいた時のポジションや打順などをきいたことがある。②そのときもつっけんどんに「知らん。」と言われた。ぼくは、次兄が知らないはずはないと思い、何か隠《かく》しているような気がした。

（平成14年度版　教育出版3年110ページ　赤瀬川隼「一塁手の生還」・『ダイヤモンドの四季』より）

(1) この文章から「一範《かずのり》兄」についてどんなことがわかりますか。次の文の□にあてはまる言葉を、文章中から書き抜《ぬ》きなさい。（10点）

［　　　　　］にいたことがある。

(2) ——線①からわかる「ぼく」と兄たちとの関係を、次の文の□にあてはまる言葉を書き抜いて答えなさい。（各10点×2＝20点）

「ぼく」が［　　　　　］ころは、兄たちがやっている［　　　　　　　］の仲間に入れてもらえなかった。

(3) ——線②からどんなことがわかりますか。最も適切なものを次から選び、記号で答えなさい。（20点）

ア　野球が嫌《きら》いな「ぼく」に一範兄のことを教える必要がないということ。

イ　一範兄の野球について、何か話をしたくないような出来事があったのではないかということ。

ウ　しつこく一範兄のことをきく「ぼく」が兄たちから嫌われていること。

［　　］

2 次の文章を読んで、下の問いに答えなさい。

フォークを持つ手の人さし指がぴんと伸《の》びている。指の先の爪《つめ》は潰《つぶ》れており、鼻くそを丸めたようなものがこびりついている。正常な爪はもう生えてこないのである。あの頃《ころ》、ルロイ修道士の奇妙《きみょう》な爪について、天使園*にはこんなうわさが流れていた。日本にやって来て二年もしないうちに戦争が始まり、ルロイ修道士たちは横浜《よこはま》から出帆《しゅっぱん》する最後の交換船《こうかんせん》でカナダに帰ることになった。ところが日本側の都合で、交換船は出帆中止になってしまったのである。そして、連れていかれたところは丹《たん》沢《ざわ》の山の中。戦争が終わるまで、ルロイ修道士たちはここで荒《あ》れ地を開墾《かいこん》し、みかんと足柄《あしがら》茶を作らされた。そこまではいいのだが、カトリック者は日曜日の労働を戒律《かいりつ》で禁じられているので、ルロイ修道士が代表となって監督《かんとく》官に、「日曜日は休ませてほしい。その埋《う》め合わせは、他の曜日にきっとする。」と申し入れた。すると監督官は、「大日本帝国《ていこく》の七曜表は月月火水木金金。この国には土曜も日曜もありゃせんのだ。」と叱《しか》りつけ、見せしめに、ルロイ修道士の左の人さし指を木づちで思い切りたたき潰《つぶ》したのだ。だから気をつけろ。ルロイ先生はいい人にはちがいないが、心の底では日本人を憎《にく》んでいる。いつか爆発《ばくはつ》するぞ。……しかし、ルロイ先生はいつまでたっても優《やさ》しかった。そればかりかルロイ先生は、戦勝国の白人であるにもかかわらず敗戦国の子供のために、泥《どろ》だらけになって野菜を作り鶏《にわとり》を育てている。これはどういうことだろう。

＊天使園…ルロイ修道士が園長をしている施設《しせつ》。

（平成28年度版 光村図書3年20・21ページ 井上ひさし「握手」・『ナイン』より）

(1) ――線部の「うわさ」について答えなさい。

① どうして「奇妙《きみょう》な爪《つめ》」になったのですか。次の文の□にあてはまる言葉を、文章中から書き抜《ぬ》きなさい。（各5点×3＝15点）

□が、ルロイ修道士の左の人さし指を□で□から。

② ①のような仕打ちを受けたのは、ルロイ修道士が監督《かんとく》官に何と申し入れたからですか。文章中から書き抜きなさい。（10点）

□。

③ ①・②から、ルロイ修道士はどんな人物だといわれていましたか。文章中の言葉を使い、文末を「〜人物だ。」という形にして書きなさい。（15点）

(2) ルロイ修道士の実際の人柄《ひとがら》について書かれた次の文の□にあてはまる言葉を、文章中から書き抜きなさい。（各5点×2＝10点）

いつまでたっても□だけでなく、日本の子供のために□になって野菜を作り、鶏《にわとり》を育てていた。

3 人物像をつかむ

基本問題③

得点　／100点

学習日　／　日

1 次の文章を読んで、下の問いに答えなさい。

〈「私」は久し振《ぶ》りに幼《おさな》なじみのルントウに再会した。（要約）〉

私は、暮らし向きについて尋《たず》ねた。彼《かれ》は首を振《ふ》るばかりだった。

「とてもとても。今では六番目の子も役に立ちますが、それでも追っつけません……世間は物騒《ぶっそう》だし……どっちを向いても金は取られほうだい、決まりも何も……作柄《さくがら》もよくございません。作った物を売りに行けば、何度も税金を取られて、元は切れるし、そうかといって売らなければ、腐《くさ》らせるばかりで……。」

①首を振りどおしである。顔にはたくさんのしわが畳《たた》まれているが、まるで石像のように、そのしわは少しも動かなかった。苦しみを感じはしても、それを言い表すすべがないように、しばらく沈黙《ちんもく》し、それからきせるを取り上げて、黙々《もくもく》とたばこをふかした。

母が都合をきくと、家に用が多いから、明日は帰らねばならぬと言う。それに昼飯もまだと言うので、自分で台所へ行って、飯をいためて食べるように勧《すす》めた。

②彼が出ていった後、母と私とは彼の境遇《きょうぐう》を思ってため息をついた。子だくさん、凶作《きょうさく》、重い税金、兵隊、匪賊《ひぞく》、役人、地主、みんな寄ってたかって彼をいじめて、でくのぼうみたいな人間にしてしまったのだ。母は、持っていかぬ品物はみんなくれてやろう、好きなように選ばせよう、と私に言った。

（平成28年度版　光村図書3年116・117ページ　魯迅・竹内好訳「故郷」・『魯迅文集第一巻』より）

(1) ——線①について次のそれぞれの問いに答えなさい。

① ——線①のときの、彼《かれ》（ルントウ）のしわの動かない顔を何にたとえていますか。文章中から二字で書き抜《ぬ》きなさい。（10点）

□□

② ——線①の様子や、ルントウの言葉からわかるルントウの境遇《きょうぐう》として最も適切なものを次から選び、記号で答えなさい。（10点）

ア 生活が苦しく、将来に希望が持てない。
イ あと少しの金があれば生活は好転する。
ウ 努力すれば、将来むくわれそうである。

□

(2) 「私」の母の性格について述べた次の文の□に、あてはまる言葉を文章中から書き抜きなさい。（各5点×3＝15点）

〈ルントウに□□を勧《すす》めたり、好きな□□を選ばせてみんな□□□□□という思いやりのある性格。〉

(3) ——線②の「私」は、ルントウがどのような人物になったと表現していますか。文章中から五字で書き抜きなさい。（15点）

□□□□□

2 次の文章を読んで、下の問いに答えなさい。

　庄兵衛《しょうべえ》はまともには見ていぬが、始終、喜助《きすけ》の顔から目を離《はな》さずにいる。そして、不思議だ、不思議だと、心の内で繰《く》り返している。それは①喜助の顔が、縦から見ても、横から見ても、いかにも楽しそうで、もし役人に対する気兼《きが》ねがなかったなら、口笛を吹《ふ》き始めるとか、鼻歌を歌いだすとかしそうに思われたからである。

　庄兵衛は心の内に思った。これまで、この高瀬舟《たかせぶね》の*宰領《さいりょう》をしたことは幾度《いくたび》だかしれない。しかし乗せてゆく罪人は、いつもほとんど同じように、目も当てられぬ気の毒な様子をしていた。それに、この男はどうしたのだろう。*遊山船《ゆさんぶね》にでも乗ったような顔をしている。罪は弟を殺したのだそうだが、よしや、その弟が悪いやつで、それをどんな行きがかりになって殺したにせよ、人の情としていい心持ちはせぬはずである。②この色の青い痩《や》せ男が、その人の情というものが全く欠けているほどの、世にもまれな悪人であろうか。どうも、そうは思われない。ひょっと気でも狂《くる》っているのではあるまいか。いやいや。それにしては、何一つつじつまの合わぬ言葉や挙動がない。この男はどうしたのだろう。庄兵衛がためには、③喜助の態度が考えれば考えるほどわからなくなるのである。

*宰領…責任者として物事の取り締《し》まりや処理をすること。
*遊山船…遊ぶことを目的とした船。

（平成28年度版　光村図書3年81～83ページ　森鷗外「高瀬舟」・『鷗外全集第十六巻』より）

(1) 「庄兵衛《しょうべえ》」の役目を文章中から六字で書き抜《ぬ》きなさい。（10点）

□□□□□□

(2) ――線①とありますが、喜助《きすけ》の楽しそうな顔を表す言葉を、文章中から十三字で書き抜きなさい。（10点）

□□□□□□□□□□□□□

(3) ――線②とありますが、誰《だれ》のことですか。文章中から名前を書き抜きなさい。（10点）

□□

(4) ――線③について説明した次の文の□にあてはまる言葉を、文章中から書き抜きなさい。（各5点×4＝20点）

　これまで□□□に乗せた罪人が目も当てられぬ気の毒な様子であったのに対し、□を殺したという喜助は、いかにも表情が□□□□である。□□とも気が狂《くる》っているとも思えず、納得《なっとく》のゆく理由が見つからないということ。

3 人物像をつかむ

標準問題

得点 ／100点

学習日 ／ 日

1 次の文章を読んで、下の問いに答えなさい。

①悲鳴《ひめい》を上げたのはふくである。とっさに文四郎《ぶんしろう》は間の垣根《かきね》を飛び越《こ》えた。そして小柳《こやなぎ》の屋敷《やしき》に入ったときには、立ちすくんだふくの足元から身をくねらせて逃《に》げる蛇《へび》を見つけていた。体長二尺四、五寸ほどのやまかがしのようである。

青い顔をして、ふくが指を押《お》さえている。

「どうした。かまれたか。」

「はい。」

「どれ。」

手を取ってみると、ふくの右手の中指の先がぽつりと赤くなっている。ほんの少しだが血が出ているようだった。

②文四郎はためらわずにその指を口に含《ふく》むと、傷口を強く吸った。口の中にかすかに血のにおいが広がった。ぼうぜんと手を文四郎にゆだねていたふくが、このとき小さな泣き声を立てた。蛇の毒を思って、恐怖《きょうふ》が込《こ》み上げてきたのだろう。

「泣くな。」

つばを吐《は》き捨てて、文四郎はしかった。つばは赤くなっていた。

「やまかがしはまむしのように怖《こわ》い蛇ではない。心配するな。それに武家《ぶけ》の子はこのぐらいのことで泣いてはならん。」

（平成14年度版　光村図書3年102～104ページ　藤沢周平「蟬しぐれ（抄）」・『蟬しぐれ』より）

---

(1) ――線①で「ふく」が悲鳴をあげたのはなぜですか。文章中の言葉を使い、文末を「～から。」という形にして書きなさい。 (10点)

［　　　　］

(2) ――線②の「ためらわずに」から文四郎《ぶんしろう》のどんな思いがわかりますか。最も適切なものを次から選び、記号で答えなさい。 (10点)

ア 蛇《へび》の毒からふくを守ろうという強い意志。
イ 指から出ている血を早く止めようという焦《あせ》り。
ウ 傷口を治すことが自分の役目だという使命感。

［　］

(3) 「文四郎」に対する「ふく」の態度はどのように表現できますか。最も適切なものを次から選び、記号で答えなさい。 (10点)

ア 反発　　イ 従順　　ウ 強引

［　］

(4) 「文四郎」の人物像としてあてはまるものを次から二つ選び、記号で答えなさい。 (各10点×2＝20点)

ア 的確な判断で行動し、武士の心構えをもった人物。
イ 自分より弱い相手には強い態度で接する小心者。
ウ 飾《かざ》りけがないが、頼《たよ》りがいのある心優《やさ》しい人物。
エ 自分の考えを強引に行動に移す人物。
オ 泣くことをことさら嫌《きら》う怒《おこ》りっぽい人物。

［　］・［　］

2 次の文章を読んで、下の問いに答えなさい。

①空を描《か》いていると、坂の下から白毛の馬が走ってきた。馬の上にはしかめつらした②ゴジラ爺《じじい》が乗っていた。ゴジラ爺はときどき国立《くにたち》にいる不思議な老人だ。いつも空の彼方《かなた》を見つめており、視線がエヘンと威張《いば》っていた。眼《め》つきが鋭《するど》く鼻の頭がぶつぶつなので、ゴジラ爺と呼ばれていた。ゴジラ爺は白馬で広い大学通りを闊歩《かっぽ》していることが多かった。多摩蘭《たまらん》坂で見るのは初めてだ。あたりに威張り散らしている雰囲気《ふんいき》があり、祐太《ゆうた》にはあまり好きな感じはなかった。

ゴジラ爺は坂の途中《とちゅう》で止まると祐太を睨《にら》んだ。この老人は、上ばかり見ているので坂の横の丘《おか》で絵を描いている祐太が眼に入ったらしい。祐太とゴジラ爺の視線が合った。

「坊主《ぼうず》、一人で絵を描いておるのか」

ゴジラ爺は白馬の上から声をかけてきた。

祐太は、怖《こわ》くなって黙《だま》って下を向いた。視線が合ったことを後悔《こうかい》した。

話したくなかったが、そんな祐太の気持《きもち》にはおかまいなくゴジラ爺は馬を止めて手綱《たづな》を坂の雑木《ぞうき》に縛《しば》りつけて丘の上に歩いてきた。祐太はその場を逃《に》げ出したくなった。こんなに威張った老人とは口をきくのも嫌《いや》なのだ。

老人は草むらをかきわけて祐太の後方に立ち、祐太が描いている絵を見た。写生している途中の絵を見られることは、とても恥《は》ずかしいことだった。

（嵐山光三郎『夕焼け学校』集英社より）

---

(1) ――線①「空を描《か》いている」のは誰《だれ》ですか。（10点）

〔　　　　〕

(2) ――線②「ゴジラ爺《じじい》」と呼ばれるのはなぜですか。文章中の言葉を使い、文末を「〜から。」という形にして書きなさい。（10点）

〔　　　　〕

(3) 祐太《ゆうた》は「ゴジラ爺」のことをどのように感じていますか。あてはまるものを二つ選び、記号で答えなさい。（各5点×2＝10点）

ア　いつも威張《いば》っているような雰囲気《ふんいき》だ。
イ　いつも穏《おだ》やかで優《やさ》しい雰囲気だ。
ウ　話をしたくない相手である。
エ　声をかけられてうれしくなる人物である。
オ　絵を描くことが好きな人物のようだ。

［　］・［　］

(4) 祐太が「ゴジラ爺」のことを端的《たんてき》に（はっきりとわかりやすく）表現した言葉を文章中から二つ書き抜《ぬ》きなさい。（各10点×2＝20点）

・［　　　　　　］
・［　　　　　　］

4　表現に注意する

基本問題①

得点
／100点
学習日
／　日

確認

★ 次の文章を読んで、あとの□にあてはまる言葉を書き抜き《ぬ》き、表現の工夫《くふう》についてまとめなさい。（各6点×5＝30点）

気が回らないのか、それともわかっていてとぼけているのか、祖父は言った後から入れ歯をむいて、ハハハッと笑い飛ばすのである。

もうじき九十という年齢《ねんれい》が信じられぬくらい、祖父はかくしゃくとしている。年なりに弱くなっていればはっきりと抗議《こうぎ》もできるとは思うのだが、痩《や》せてはいても身長はまだ和男《かずお》より高いし、背筋は旗ざおを背負ったみたいに、しゃんと伸《の》びていた。

（平成28年度版　光村図書3年242ページ　浅田次郎「蟬の声」）

擬音語《ぎおんご》
「□」は祖父が□ときの声である。

直喩法《ちょくゆほう》（明喩法《めいゆほう》）
祖父の背筋が伸《の》びている様子を「旗ざおを□」とたとえている。

擬態語《ぎたいご》
「□」は、祖父の背筋が□いる様子をそれらしく表している。

！ 小説を読むときには、次のような表現の工夫に注目し、その効果やおもしろさを味わいましょう。

《比喩法《ひゆほう》》
- 直喩法《ちょくゆほう》（明喩法《めいゆほう》）＝「（まるで）〜のような」などを使ってたとえる方法。
- 隠喩法《いんゆほう》（暗喩法《あんゆほう》）＝「（まるで）〜のような」などを使わないでたとえる方法。
  - 例　ぼくの心に青空が広がった。（「ぼく」の心の状態を「青空」にたとえている。）
- 反復法＝同じ言葉を繰《く》り返し使って強調する方法。
- 擬人法《ぎじんほう》＝人でないものを人のように表す方法。
  - 例　花が笑い、風がおどる。

《擬音語《ぎおんご》・擬態語《ぎたいご》》
- 擬音語《ぎおんご》（擬声語《ぎせいご》）＝物の音や鳴き声を表した言葉。
- 擬態語《ぎたいご》＝ものの様子や状態をそれらしく表した言葉。

▼次の文章を読んで、下の問いに答えなさい。

〔「ボク（凌雲《りょううん》）」の水泳部では、先生の許可のもと、百メートルを完泳できない省吾《しょうご》も自由形に出場することになった。〕

「泳ぎ終わった人はテントに戻《もど》って！」

注意する係員の手を払《はら》いのけ、大声で省吾に叫《さけ》んだ。

①「来い！　ここまで来い！」

来い、ここまで来い。ここまで来れば、俺《おれ》がプールから引き上げてやる。お前のことを笑ったやつを一人残らず蹴《け》飛ばしてやる！　来い！　ここまで来い！

ⓐ〔息継《いきつ》ぎの角度がどんどん空に向かっている。手と足のバランスがどんどん狂《くる》ってくる。水中でもがく省吾の体はすぐそこまで来ていた。すぐそこまで……。〕

観客席での笑い声が沈黙《ちんもく》へと変わった。ボクの手を引っ張っていた係員の手に力が入るのが分かった。水から上がる省吾の顔が、苦痛と希望で［　　］にゆがんでいる。

あと十メートル。ボクは目をつむった。

観客席から②秋風のような拍手《はくしゅ》が聞こえる。ゆっくりと目を開け、プールの中をのぞき込《こ》むと、省吾の顔があった。生まれて初めて百メートルを泳ぎきった男の顔が、そこにあった。

息もできぬほど苦しいのだろう。声も出せずに「凌雲先輩《せんぱい》。」と口が動いた。あえぐように、「最後まで泳いだよ。」と省吾が言った。

ボクは泣くもんか、と思ったけど涙《なみだ》が流れて止まらなかった。

（平成28年度版　学校図書3年21・22ページ　吉田修一「Water」・『最後の息子』より）　〔　〕部分要約

(1) ――線①「来い！　ここまで来い！」は、このあとも繰《く》り返されています。この表現の効果の説明として最も適切なものを次から選び、記号で答えなさい。（20点）

ア　省吾《しょうご》は来られないだろうという思いが表れている。
イ　必ず省吾が来るというボクの思いを強調している。
ウ　省吾にボクとの一体感を伝えようとしている。

［　　］

(2) ⓐの部分の表現の工夫《くふう》について説明した次の文の［　］にあてはまる言葉を、文章中から書き抜《ぬ》きなさい。（各10点×2＝20点）

擬態語《ぎたいご》の「［　　　　］」や、省吾が「［　　］」来ていると繰《く》り返すことで、緊迫《きんぱく》感《かん》が高まっている様子が伝わってくる。

(3) ［　］に入る言葉として最も適切なものを次から選び、記号で答えなさい。（10点）

ア　ゆらゆら　　イ　ぐにゃぐにゃ
ウ　ぐらぐら　　エ　ひりひり

［　　］

(4) ――線②「秋風のような拍手《はくしゅ》」の説明として最も適切なものを次から選び、記号で答えなさい。（20点）

ア　擬人法《ぎじんほう》を用いて観客の熱意を表現している。
イ　隠喩《いんゆ》を用いて観客の冷たさを表現している。
ウ　直喩を用いて観客の優《やさ》しさを表現している。

［　　］

4　表現に注意する

基本問題②

得点
／100点

学習日
／　日

1 次の文章を読んで、下の問いに答えなさい。

ある寒い日の午後、私は食後の茶でくつろいでいた。表に人の気配がしたので、振《ふ》り向いてみた。①思わずあっと声が出かかった。急いで立ち上がって迎《むか》えた。

来た客はルントウである。ひと目でルントウとわかったものの、そのルントウは、私の記憶《きおく》にあるルントウとは似もつかなかった。背丈《せたけ》は倍ほどになり、昔の艶《つや》のいい丸顔は、今では黄ばんだ色に変わり、しかも深いしわが畳《たた》まれていた。目も、彼の父親がそうであったように、周りが赤くはれている。②私は知っている。海辺で耕作する者は、一日中潮風に吹《ふ》かれるせいで、よくこうなる。頭には古ぼけた毛織りの帽子《ぼうし》、身には薄手《うすで》の綿入れ一枚、全身□震《ふる》えている。紙包みと長いきせるを手に提《さ》げている。③その手も、私の記憶にある血色のいい、丸々した手ではなく、太い、節くれだった、しかもひび割れた、松の幹のような手である。

（平成28年度版　光村図書3年113・114ページ　魯迅・竹内好訳「故郷」・『魯迅文集第一巻』より）

(1) ――線①とありますが、この表現から想像できる「私」の気持ちとして最も適切なものを次から選び、記号で答えなさい。（15点）

ア　悲しみ　　イ　驚《おどろ》き
ウ　寂《さび》しさ　　エ　喜び

(2) ――線②とありますが、「私」はどんなことを知っているのですか。それが書かれた一文の初めの五字を書き抜《ぬ》きなさい。（10点）

(3) □にあてはまる言葉として最も適切なものを次から選び、記号で答えなさい。（10点）

ア　きらきら　　イ　ぱたぱた
ウ　ぶるぶる　　エ　ひらひら

(4) ――線③「その手」のことが直喩《ちょくゆ》法《ほう》を用いて表現されています。その言葉を文章中から探し、八字で書き抜きなさい。（15点）

2 次の文章を読んで、下の問いに答えなさい。

〔「わたし」は、中学・高校の一時期を過ごした児童養護施設《しせつ》の園長だったルロイ修道士と、上野《うえの》の西洋料理店で再会することになった。〕

「仕事は（　A　）。」

「まあまあといったところです。」

「よろしい。」

ルロイ修道士は右の親指を立てた。

「仕事がうまくいかないときは、この言葉を思い出してください。『困難は分割せよ。』あせってはなりません。問題を細かく割って、一つ一つ地道に片づけていくのです。ルロイのこの言葉を（　B　）。」

冗談《じょうだん》じゃないぞ、と思った。これでは、遺言《ゆいごん》を聞くために会ったようなものではないか。そういえば、さっきの握手《あくしゅ》もなんだか変だった。「それは実に穏《おだ》やかな握手だった。ルロイ修道士は病人の手でも握《にぎ》るように□握手をした。」というように感じたが、実はルロイ修道士が病人なのではないか。元園長は何かの病にかかり、この世のいとまごいに、こうやって、かつての園児を訪ねて歩いているのではないか。

「日本でお暮らしになっていて、楽しかったことがあったとすれば、それは（　C　）。」

先生は重い病気にかかっているのでしょう、そして、これはお別れの儀式《ぎしき》なのですねときこうとしたが、さすがにそれははばかられ、結局は、平凡《へいぼん》な質問をしてしまった。

（平成28年度版　光村図書3年24・25ページ　井上ひさし「握手」・『ナイン』より）〔　〕部分要約

(1) それぞれ（　A　）〜（　C　）に入る言葉として適切なものを次から選び、それぞれ記号で答えなさい。（完答10点）

ア 忘れないでください
イ うまくいっていますか
ウ どんなことでしたか

A □　B □　C □

(2) □に入る言葉として最も適切なものを次から選び、記号で答えなさい。（10点）

ア ぎゅっと　イ ぐっと
ウ そっと　エ さっと

□

(3) ——線「この世のいとまごい」とありますが、これとほぼ同じ意味の言葉を文章中から探し、六字で書き抜きなさい。（15点）

□□□□□□

(4) この文章の表現についての説明として最も適切なものを次から選び、記号で答えなさい。（15点）

ア 会話に続く語り手の自問自答によって、ルロイ修道士の現状が切々と伝わってくる。
イ ルロイ修道士の病気を案じる語り手の気持ちが、擬態語《ぎたいご》が繰《く》り返されることで明らかになっている。
ウ 直喩《ちょくゆ》を多用して語り手とルロイ修道士のきずなの深さが表現されている。

□

4 表現に注意する

標準問題

得点　／100点
学習日　／　日

1 次の文章を読んで、下の問いに答えなさい。

　時間が流れていく。こうしているうちにも、事態は悪化しているのかもしれない。だとしても、僕《ぼく》たちには、どうすることもできないのだ。

　喫茶《きっさ》室で時間をつぶしてから、手術室前の廊下《ろうか》に戻《もど》った。手術はまだ続いていた。しばらく廊下で、じっとしていた。神様というものが、いるのかいないのか、僕は知らない。とにかく、何かに祈《いの》らずにはいられなかった。

　手術室のドアの向こうからは、なんの物音も聞こえてこなかった。ただどこからともなく、①低いリズムが聞こえてきた。心臓の鼓動《こどう》に似ていた。半ば消え入ろうとしている直美《なおみ》の命のいぶきが、最後の力を振《ふ》り絞《しぼ》って、生きようとしている。そんな②切なげな、規則的な鼓動が、低く持続している。テレビか映画で、患者《かんじゃ》の心臓の鼓動を増幅《ぞうふく》して聞かせる装《そう》置《ち》を見たことがある。同じ機械が、この病院の倉庫にもあった。あの音がそうだろうか。機械で増幅された直美の鼓動が、廊下まで伝わってきたのか。それとも、僕自身の心臓の鼓動なのか。あるいは、聞こえないはずの音が、③不思議な超《ちょう》自然現象で、僕の耳に届いたのか。

（平成14年度版　東京書籍3年64ページ　三田誠広「いちご同盟」）

(1) ――線①「低いリズム」から「僕《ぼく》」が想像したことが比喩《ひゆ》を用いて書かれた一文を探し、初めの五字を書き抜《ぬ》きなさい。（10点）

(2) ――線②「切なげな、規則的な鼓動《こどう》」から「僕」のどんな思いがわかりますか。適切なものを次から選び、記号で答えなさい。（15点）

ア　鼓動までが直美《なおみ》の性格を表すようで悲しい。
イ　規則的な鼓動が続けば直美はきっと助かる。
ウ　命をつなごうとしている直美がいとおしい。

(3) ――線③「不思議な超《ちょう》自然現象」のように表現する理由を、次の文の□にあてはまる言葉を書き抜いて答えなさい。（15点）

手術室からは物音はしないので、□が耳に届くのは不思議だから。

(4) この場面での「僕」の気持ちとして最も適切なものを次から選び、記号で答えなさい。（10点）

ア　不安　　イ　驚《おどろ》き
ウ　期待　　エ　落胆《らくたん》

2 次の文章を読んで、下の問いに答えなさい。

〔戦死したはずの一範《かずのり》兄が無事に帰ってきて、一番末っ子の「ぼく」とキャッチボールが始まる。〕

――こんなふうにして、一範兄と、特攻《とっこう》隊で戦死した兄と、病気で死んだ兄とで、この場所で、キャッチボールをやってたんだな。

①ぼくはだんだん、ボールに託《たく》して一範兄と会話をしているような気分になる。ぼくは力いっぱい投げる。

――兄さん、潜水艦《せんすいかん》に沈《しず》められてなかったら、テニヤンで玉砕《ぎょくさい》してたところだったね。

ボールが返ってくる。

――そうだ、人間の運命なんてわからん。

ぼくはその「言葉」を受けてまた返す。

――捕虜《ほりょ》の生活って、どうだった？

兄がそれを受けて返してくる。

――簡単に話せるもんか。

今度は、兄が「言葉」を投げてくる。

――おやじの遺骸《いがい》は出てきたのか。

ぼくは、えいっとばかりに返す。

――うん、真っ黒焦《こ》げでね。

――兵器廠《しょう》では女学生は何人死んだんだ。

――七十人って聞いた。

②そんなに力いっぱい続けて投げていいのかと思うほど、兄はしゃにむに投げてくる。まるで何かに怒《おこ》っているみたいだ。

〔　〕部分要約

（平成14年度版　教育出版3年113・114ページ　赤瀬川隼「一塁手の生還」・『ダイヤモンドの四季』より）

---

(1) ――線①とはどういうことですか。次の□に、あてはまる言葉を文章中から書き抜《ぬ》きなさい。（各10点×2＝20点）

〔一範《かずのり》兄との□が一範兄と□を交《か》わしているように思えてくるということ。〕

(2) ▒の部分で、「――」を付けた文と付けない文が、行を変えて交互《こうご》に並べられている効果について、次の（　）内から適切な言葉を選び、記号を○で囲んで答えなさい。（10点）

〔テンポのよいキャッチボールのように、文章に（**ア**　リズム感　**イ**　重厚《じゅうこう》さ）を生み出している。〕

(3) 上の文章では、かぎかっこ「　」を付けて「言葉」と書かれています。その説明として最も適切なものを次から選び、記号で答えなさい。（10点）

ア 「ぼく」と一範兄の会話であることを特に強調している。
イ 実際の言葉ではなく「ぼく」の想像の言葉である。
ウ 会話の中の一範兄の言葉であることを示している。

□

(4) ――線②のような兄の様子を、直喩法《ちょくゆほう》で表した一文の初めの五字を書き抜きなさい。（10点）

□□□□□

5 主題をとらえる

基本問題①

得点
／100点

学習日
／　日

確認

★次の文章を読んで、描《えが》かれている内容として最も適切なものをあとから選び、記号で答えなさい。(20点)

「ああ＊猩々緋《しょうじょうひ》よ＊唐冠《とうかん》よ。」と敵の雑兵《ぞうひょう》は、＊新兵衛《しんべえ》の槍先《やりさき》を避《さ》けた。味方が崩《くず》れ立ったとき、激浪《げきろう》の中に立ついわおのように敵勢《てきぜい》を支えている猩々緋の姿は、どれほど味方にとって頼《たの》もしいものであったか分からなかった。また嵐《あらし》のように敵陣《てきじん》に殺到《さっとう》するとき、その先登《せんとう》に輝《かがや》いている唐冠のかぶとは、敵にとってどれほどの脅威《きょうい》であるか分からなかった。

こうして槍中村《やりなかむら》の猩々緋と唐冠のかぶとは、戦場の華《はな》であり敵に対する脅威であり味方にとっては信頼《しんらい》の的であった。

＊猩々緋…鮮《あざ》やかな深紅《しんく》の陣羽織《じんばおり》。
＊唐冠…古代中国の冠《かんむり》に形をまねたかぶと。
＊新兵衛…「槍中村」と恐《おそ》れられた侍大将《さむらいだいしょう》。

(平成28年度版　東京書籍3年32ページ　菊池寛「形」・「菊池寛全集」より)

ア　新兵衛《しんべえ》の猩々緋《しょうじょうひ》の姿は、敵にもあこがれの的だった。
イ　新兵衛の姿は、敵には脅威《きょうい》、味方には信頼《しんらい》の的だった。
ウ　新兵衛の唐冠《とうかん》のかぶとは、味方にも脅威を与《あた》えた。
エ　猩々緋と唐冠を着けた新兵衛は、敵を恐《おそ》れなかった。

！　主題は作者が訴《うった》えかけている最も中心的な事柄《ことがら》です。繰《く》り返されている言葉やキーワードに注目して読み取りましょう。

1

次の文章を読んで、あとの問いに答えなさい。

庄兵衛《しょうべえ》はただ漠然《ばくぜん》と、人の一生というようなことを思ってみた。人は身に病があると、この病がなかったらと思う。その日その日の食がないと、食ってゆかれたらと思う。万一のときに備える蓄《たくわ》えがないと、少しでも蓄えがあったらと思う。蓄えがあっても、また、その蓄えがもっと多かったらと思う。①かくのごとくに先から先へと考えてみれば、人はどこまで行って踏《ふ》み止《とど》まることができるものやらわからない。それを今、②目の前で踏み止まって見せてくれるのがこの喜助《きすけ》だと、庄兵衛は気がついた。

庄兵衛は、今さらのように驚異《きょうい》の目をみはって喜助を見た。

(平成28年度版　光村図書3年86ページより　森鷗外「高瀬舟」・『鷗外全集第十六巻』より)

(1)　――線①とはどういうことですか。最も適切なものを次から選び、記号で答えなさい。(15点)

ア　人の一生には蓄《たくわ》えが多いのが最善であるということ。
イ　人間の欲望は限りないものであるということ。
ウ　将来のことを考えるのは不安であるということ。

(2)　――線②のような喜助《きすけ》のことを庄兵衛《しょうべえ》はどのようにとらえていますか。文章中から二字で書き抜《ぬ》きなさい。(15点)

2 次の文章で描《えが》かれているのはどのようなことですか。あとから一つ選び、記号で答えなさい。（20点）

ぼくは、静謐《せいひつ》な場所ではなく、戦争で、肉親の生と死を見つめさせられたのだった。

父は、勤め先の会社が＊焼夷弾《しょういだん》にやられて燃え上がるさなか、重要書類の入った手提《てさ》げ金庫を取りに入ったまま帰らなかった。

次兄は、長兄と違《ちが》ってはっきり戦死が確認《かくにん》されていた。海軍特攻隊《とっこうたい》の一員となって敵艦《てきかん》に突《つ》っこんだのである。その次の兄は、ぼくが四歳《さい》の時、中学にあがった直後に病死している。

ぼくのすぐ上の姉は、女学校四年生で勤労動員に行かされていた＊兵器廠《へいきしょう》に＊B29の直撃弾《ちょくげきだん》が落ち、多くの級友とともにやられた。

それ以後、末っ子のぼくは、辛《から》くも半焼で済んだこの福岡《ふくおか》市内の家に母と二人住まいになったのである。日本国民の中でも、わが家への疫病神《やくびょうがみ》のとりつき方は最悪の部類に入るだろう。

＊焼夷弾…建造物などを焼きはらうための爆弾《ばくだん》や砲弾《ほうだん》。
＊兵器廠…兵器の購入《こうにゅう》・保存・修理などを行う役所。
＊B29…アメリカの爆撃機。

（平成14年度版　教育出版3年107ページ　赤瀬川隼「一塁手の生還」・『ダイヤモンドの四季』より）

ア 戦争によってもたらされた家族の死の悲惨《ひさん》な状況《じょうきょう》。
イ 疫病神《やくびょうがみ》にとりつかれた「ぼく」の運の悪さ。
ウ 辛《から》くも母と二人が生き残ったことへの感謝。

□

3 次の文章を読み、「一五同盟《いちご》」について説明したあとの文の□に適切な言葉を、文章中から書き抜《ぬ》きなさい。（6点×5＝30点）

（「僕《ぼく》」と徹也《てつや》と直美《なおみ》は同じ中学三年生。手術を受けた直美の命を心配している。（要約））


「北沢《きたざわ》、おまえは、自殺したがっていただろう。」

僕は答えなかった。

「死ぬなよ。」

と徹也は言った。

「おまえは、百まで生きろ。おれも、百まで生きる。」

徹也は僕の腕《うで》をつかんだ。

「百まで生きて、その間、直美のことを、ずうっと覚えていよう。」

つかんでいた腕を、徹也はぎゅっと握《にぎ》った。

「分かったな。」

信号の下で、徹也は僕の顔をのぞき込《こ》んだ。

「同盟を結ぼう。おれたちは十五歳だから、一五《いちご》同盟だ。男と男の約束だぞ。」

「分かった。」

と僕は答えた。


（平成14年度版　東京書籍3年72・73ページ　三田誠広「いちご同盟」）

同じ□歳《さい》の「僕《ぼく》」と□が□歳まで生きて、□のことを忘れずに覚えていよう、と固く□して結ばれた同盟。

5　主題をとらえる

基本問題②

得点
／100点
学習日
／　日

1 次の文章を読んで、下の問いに答えなさい。

〔「僕《ぼく》」は笑顔《えがお》の仮面をつける義務がある社会で暮らしている。ある日、公園で女の子が仮面を外す場面を目にし、自分と同じ考えをもつ人間の存在を知って喜んだが、声をかける勇気がなく、そのことを後悔《こうかい》していた。〕

数週間が流れ、僕はいつものように公園の川岸にたたずみ、対岸の森を眺《なが》めていた。

秋は確実に深くなっていた。その頃《ころ》、学校でうわさされていることがあった。①素顔同盟《すがおどうめい》という一団があり、彼《かれ》らは仮面を外し、社会や警察から逃《のが》れて、この川の上流の対岸の森の中で素顔で暮らしているということだった。

川の水は冷たそうにゆっくりと流れていた。真っ赤に色づいたモミジの一群れが過ぎていった。その流れを見ていた僕はふと②妙《みょう》なものを見つけた。

仮面だった。笑顔の仮面が川に浮《う》いているのだった。その顔は彼女《かのじょ》の顔に似ていた。僕は木の枝を折り、その仮面を拾い上げた。それはまちがいなく彼女のだった。③彼女はその川の上流で、仮面を捨てたのだ。

僕はこの機会を逃《に》がしたら二度と彼女と会えないだろうと思った。④僕はためらいもなく、その川を上流に向かって歩きだした。

〔　〕部分要約

（平成28年度版　教育出版3年299ページ　すやまたけし「素顔同盟」・『火星の砂時計』より）

(1) ――線①の「素顔同盟《すがおどうめい》」というのはどういうものですか。次の文の□にあてはまる言葉を、文章中から書き抜《ぬ》きなさい。（各5点×3＝15点）

〔社会や□から逃《のが》れて、□をつけずに、森の中で□で暮らしている人々の集団。〕

(2) ――線②「妙《みょう》なもの」とは何ですか。次の文の□に文章中の言葉を書き抜きなさい。（完答10点）

〔□の顔に似た□〕

(3) ――線③から、「僕《ぼく》」は、彼女《かのじょ》がどういうことになっていると考えていますか。次の文の□に文章中の言葉を書き抜きなさい。（10点）

〔彼女が□の一員となったこと。〕

(4) ――線④とありますが、この行動はどんなことを意味しますか。最も適切なものを次から選び、記号で答えなさい。（15点）

ア　彼女に会って拾った仮面を渡《わた》そうとしているということ。
イ　この機会を逃さず、自分の思う道を進もうということ。
ウ　彼女を素顔同盟から脱退《だったい》するように説得すること。

□

2 次の文章を読んで、下の問いに答えなさい。

（かつてお世話になったルロイ修道士と会った「わたし」は、ルロイ修道士が何かを隠《かく》していると感じる。（要約））

上野《うえの》駅の中央改札口の前で、思い切ってきいた。

「ルロイ先生、死ぬのは怖《こわ》くありませんか。わたしは怖くてしかたがありませんが。」

かつて、わたしたちがいたずらを見つかったときにしたように、ルロイ修道士は少し赤くなって頭をかいた。

「天国へ行くのですから、そう怖くはありませんよ。」

「①天国か。本当に天国がありますか。」

「②あると信じるほうが楽しいでしょうが。死ねば、③何もないただむやみに寂《さび》しいところへ行くと思うよりも、にぎやかな天国へ行くと思うほうがよほど楽しい。そのために、この何十年間、神様を信じてきたのです。」

わかりましたと答える代わりに、わたしは右の親指を立て、それからルロイ修道士の手をとって、しっかりと握《にぎ》った。それでも足りずに、腕《うで》を上下に激しく振《ふ》った。

「痛いですよ。」

ルロイ修道士は顔をしかめてみせた。

上野公園の葉桜が終わる頃《ころ》、ルロイ修道士は仙台《せんだい》の修道院でなくなった。まもなく一周忌《いっしゅうき》である。わたしたちに会って回っていた頃のルロイ修道士は、身体《からだ》中が悪い腫瘍《しゅよう》の巣になっていたそうだ。葬式《そうしき》でそのことを聞いたとき、④わたしは知らぬ間に、両手の人さし指を交差させ、せわしく打ちつけていた。

（平成28年度版　光村図書3年26・28ページ　井上ひさし「握手」・『ナイン』より）

(1) ――線①の言葉について説明した次の文の□にあてはまる言葉を、文章中から書き抜《ぬ》きなさい。（各10点×2＝20点）

（先生の言葉を聞くまで、「わたし」には、□ことが□へ行くということだとは思いつかなかったこと。）

(2) ――線②の言葉からうかがえるルロイ修道士の考え方として最も適切なものを次から選び、記号で答えなさい。（10点）

ア　修道士はたとえ誤ったことでも信じるべきだ。
イ　神様を信じて前向きに死を受け入れることが大切だ。
ウ　天国は存在しないが、だれもが楽しく生きるべきだ。

□

(3) ――線③と対比的に用いられている表現を、文章中から七字で書き抜きなさい。（10点）

□□□□□□□

(4) ――線④の動作は、ルロイ修道士が子供たちをしかるときのしぐさと同じです。このときの「わたし」の気持ちとしてあてはまらないものを次から一つ選び、記号で答えなさい。（10点）

ア　ルロイ修道士の命を奪《うば》ったものへのどうしようもない怒《いか》り。
イ　病気を隠《かく》していたルロイ修道士へのうらみ。
ウ　ルロイ修道士の病気を知らずにいた自分を責める気持ち。

□

5 主題をとらえる

標準問題

得点　　／100点
学習日　　／　　日

1 次の文章を読んで、下の問いに答えなさい。

あの戦争でいったい幾《いく》つの尊い命が失われたか、正確にはわかっていない。三百万人以上の日本人が死んだらしい。世界中では何人なのか、見当もつくまい。そう考えれば、勝ち負けじゃないさ。戦争をした国は、皆《みな》こてんぱんに負けたといったほうがよかろう。

士官学校の同級生は大勢死んだ。赤道をはるかに越《こ》えた南の島や、雪と氷に閉《と》ざされたシベリアや、広い中国大陸や、地球上のあちこちに命を散らして死んだ。せいぜい二十四か二十五の若さだった。あれほど憧《あこが》れた①士官候補生の結末はそれだった。

じいちゃんはそんな友人たち一人一人の最期《さいご》を、今も想像し続けている。弾《たま》に当たってもだえ苦しみながら、補給の絶えた孤島《ことう》で痩《や》せさらばえながら、手足の先から凍《こお》ってゆく寒さにうち震《ふる》えながら、②あいつらは何を考えたのだろう、と。

たぶん同じことを考えたと思うんだ。戦争には勝ちも負けもない、戦争をしたやつはみんな負けだ、ってな。

③カズの名前はじいちゃんがつけた。お父さんもお母さんも、もっと派手な、格好のいい名前を幾つも用意していたが、じいちゃんは譲《ゆず》らなかった。

出世なんかしなくたっていい。特別な人間になる必要もない。戦争さえしなければいいんだ。平和の申し子、和男《かずお》。これに勝《まさ》る名前はないと、じいちゃんは信じた。

（平成28年度版　光村図書3年244ページ　浅田次郎「蟬の声」）

(1) ——線①「士官候補生の結末」とありますが、具体的にはどういうことですか。次の文の□にあてはまる言葉を、文章中から書き抜《ぬ》きなさい。（各10点×2＝20点）

〔二十代の□□で、大勢が□□□□こと。〕

(2) ——線②「あいつらは何を考えたのだろう」について、次のそれぞれの問いに答えなさい。

① 「あいつら」とは誰《だれ》ですか。同じ段落の中から八字で書き抜きなさい。（10点）

□□□□□□□□

② 「じいちゃん」は、「あいつら」がどのように考えたと思っているのですか。それが書かれた一文を探し、初めの五字を書き抜きなさい。（10点）

□□□□□

(3) ——線③「カズの名前はじいちゃんがつけた」とありますが、「じいちゃん」が名前に込《こ》めた思いとして最も適切なものを次から選び、記号で答えなさい。（10点）

ア 出世を第一とするのではなく、真面目に働くこと。
イ 平凡《へいぼん》でいいから、戦争のない平和な世界で生きられること。
ウ 戦争をしない国にするために、一生懸命《いっしょうけんめい》勉強すること。

□

2 次の文章を読んで、下の問いに答えなさい。

　私も横になって、船の底に水のぶつかる音を聞きながら、今、自分は、自分の道を歩いているとわかった。思えば①私とルントウとの距離《きょり》は全く遠くなったが、若い世代は今でも心が通い合い、現にホンルはシュイションのことを慕《した》っている。せめて彼《かれ》らだけは、私と違《ちが》って、互《たが》いに隔絶《かくぜつ》することのないように……とはいっても、彼らが一つ心でいたいがために、私のように、むだの積み重ねで魂《たましい》をすり減らす生活を共にすることは願わない。また、ルントウのように、打ちひしがれて心が麻痺《まひ》する生活を共にすることも願わない。また、他の人のように、やけを起こして野放図《のほうず》に走る生活を共にすることも願わない。希望をいえば、彼らは新しい生活をもたなくてはならない。私たちの経験しなかった新しい生活を。

　希望という考えが浮《う》かんだので、私はどきっとした。たしかルントウが香炉《こうろ》と燭台《しょくだい》を所望《しょもう》したとき、私は、相変わらずの偶《ぐう》像崇拝《ぞうすうはい》だな、いつになったら忘れるつもりかと、心ひそかに彼のことを笑ったものだが、今私のいう希望も、やはり手製の偶像にすぎぬのではないか。ただ、②彼の望むものはすぐ手に入り、③私の望むものは手に入りにくいだけだ。

　まどろみかけた私の目に、海辺の広い緑の砂地が浮かんでくる。その上の紺碧《こんぺき》の空には、金色の丸い月が懸《か》かっている。思うに希望とは、もともとあるものともいえぬし、ないものともいえない。それは地上の道のようなものである。もともと地上には道はない。④歩く人が多くなれば、それが道になるのだ。


（平成28年度版　光村図書3年118・119ページ　魯迅・竹内好訳「故郷」・『魯迅文集第一巻』より）

(1) ――線①について次のそれぞれの問いに答えなさい。

① ――線①はどういうことを表していますか。次の文の□にあてはまる言葉を文章中から書き抜《ぬ》きなさい。（各5点×2＝10点）

〔二人の□□が□□□していること。〕

② ――線①と対比的な状態をどのように表現していますか。次の文の□にあてはまる言葉を文章中から書き抜きなさい。（10点）

〔互《たが》いに□□□でいること。〕

(2) ――線②「彼《かれ》の望むもの」、――線③「私の望むもの」とは何ですか。文章中からそれぞれ書き抜きなさい。（各10点×2＝20点）

② □□□□□

③ 〔若い世代が□□□□□□をもつこと。〕

(3) ――線④は「希望」についていえばどういうことですか。最も適切なものを次から選び、記号で答えなさい。（10点）

ア　希望をもつ人が多くなれば希望は実現されるということ。
イ　新しい生活を望む人だけが夢を実現できるということ。
ウ　希望をもっている人々は心が通い合うということ。

□

たしかめよう

完成問題①

得点　／100点

学習日　／　日

▼次の文章を読んで、下の問いに答えなさい。

小田由美《おだゆみ》は五年前に夫の悟《さとる》をなくし、野球チームに入っている小学四年の息子《むすこ》の茂《しげる》と暮らしている。試合に出られない息子をふびんに思い、由美は監督《かんとく》の冷泉《れいぜい》に会いに行く。話をきいて冷泉は悟の後輩《こうはい》だったことを知る。

「（略）野球以外は何もできない人間でしたから、遊ぶようになって、半分グレたような暮らしになりました。そんな時に先輩《せんぱい》が訪ねてきました。『帰ってこい冷泉、田舎《いなか》へ帰ってまた野球をやろう。』と言われました。野球はもういいですよって、私が言ったら『そうだろう、つまんない野球はもうやめろ。神様がこしらえた野球をやろうや。』と笑って言われました。それから半年先輩の言ったことを考えて、田舎に戻《もど》ってきたんです。高校の監督も三年やらしてもらいました。甲子園《こうしえん》には行けませんでしたが、甲子園に行くことだけが高校野球ではないこともなんとなく分かりました。そして何より楽しかったのは先輩たちとやった草野球でした。自分はもし先輩に会うことがなかったら、きっと①つまらない野球をした男で終わっていたでしょう。②そんな野球と出会えてから、この町がひどく好きになったんです。」

冷泉は空を流れる雲を眺《なが》めながら話を続けた。

「先輩に病室に呼ばれたのは、手術が終わってから二週間たった時でした。自分には先輩はひどく元気そうに見えました。」

(1) ——線①「つまらない野球」と対照的な表現を、文章中から十字で書き抜《ぬ》きなさい。(20点)

(2) ——線②について次のそれぞれの問いに答えなさい。(10点)

① 「そんな野球」とはどんな野球と考えられますか。次から最も適切なものを選び、記号で答えなさい。

ア 甲子園《こうしえん》に行くことを目的とする高校野球。

イ プロの選手を目指すための野球。

ウ みんなでプレーを楽しみながらする野球。

エ 自分の生き方を追求するための野球。

② ——線②の言葉には、冷泉《れいぜい》のどんな思いがうかがえますか。次の文の□にあてはまる言葉を、文章中から書き抜きなさい。(10点)

この町で、先輩《せんぱい》との出会いを通して、□□□□　□□□□□□□□□□人間になれた、という思い。

冷泉が言っているのは悟が手術後二週間して一度驚《おどろ》くほど回復した時のことを言っているのだと由美は思った。

「先輩は自分に『俺《おれ》の息子がもし野球をしたいと言い始めたら、冷泉、お前が教えてやってくれ。』と笑って言われました。私は先輩の息子さんだとおっかないですから、先輩が教えた方が上達しますよと答えました。『冷泉、お前の野球にはもう神様がついてるよ。頼《たの》んだぞ。』って手を握《にぎ》られました。その時自分は先輩の体がそんなだったとは気づかなかったんです。③つくづく自分はばかだなって思いました。いつも後になって、分かるんですから……。」

冷泉の目が潤《うる》んでいた。スカートを必死で握りしめて涙《なみだ》をこらえていた由美の手の甲に大粒《おおつぶ》の涙がせきを切ったようにこぼれ落ちた。

「勘弁《かんべん》してください、奥《おく》さん。つらいことを思い出させちゃって。」

「す、すみません……。」

言葉はおえつにしかならなかった。

「すみませんでした。何も知らないで。」

「もうすぐですよ。もうすぐ小田三塁手《さんるいしゅ》もゲームに出られるようになります。④先輩の話をすると小田くんは目が輝《かがや》きます。（中略）名選手にならなくったっていいんですよ。自分のためだけに野球をしない人間になればいいと思っています。」

由美は立ち上がって冷泉の前に起立すると、

「本当にすみませんでした。茂をよろしくお願いします。」

と言って⑤公園を飛び出した。

〔 〕部分要約

（平成28年度版　学校図書3年241・242ページ　伊集院静「夕空晴れて」・『受け月』より）

(3) ――線③には、自分を情けなく思う気持ちが表れています。冷泉が後になるまで気づかなかったこととしてあてはまらないものを次から一つ選び、記号で答えなさい。（20点）

ア　父親が息子《むすこ》に野球を指導するのがよいという先輩の思い。

イ　野球というもののすばらしさ。

ウ　当時の先輩の病状。

エ　息子に野球を教えることを自分に託《たく》した先輩の思い。

(4) ――線④のように冷泉が言ったのは、由美《ゆみ》にどんなことを伝えたかったからだと考えられますか。「茂《しげる》」「誇《ほこ》り」という語を使い、文末を「～こと。」という形にして書きなさい。（20点）

(5) ――線⑤のときの由美の気持ちとして最も適切なものを次から選び、記号で答えなさい。（20点）

ア　冷泉が後輩《こうはい》であったことを生前に教えてくれていればよかったのに、と悟《さとる》を恨《うら》む気持ち。

イ　冷泉と悟との深いかかわりや、野球に対する二人の思いを知らずにいたことを恥《は》じる気持ち。

ウ　冷泉の人生が苦労の連続だったことを知らずに、自分の悩《なや》みを打ち明けたことを愚《おろ》かに思う気持ち。

エ　冷泉の話によって自分の理解できない悟の一面を知らされ、とてもつらく思う気持ち。

たしかめよう

完成問題②

得点
／100点

学習日
／　日

▼次の文章は、ハァちゃん（城山隼雄《しろやまはやお》）が、小学校の運動場の堀端《ほりばた》に秘密基地を見つけて仲間と遊んでいたのを、ある日、校長先生が見つけて朝礼で注意されたので、担任の高先生と校長室にあやまりにいくことになった場面です。文章を読んで、下の問いに答えなさい。
（2019年度岩手県入試問題改題）

職員室に行くのも大変と思っているのに、子どもたちは校長室など行くのははじめてだし、カンカンに緊張《きんちょう》した。それは高先生も同様で、校長室に入ったときは顔は青くなり、「こ、こ、校長先生」と言ったものの言葉が続かない。こんなときはハァちゃんはやたらに腹がすわってくる。「三年の城山です。あの場所を秘密基地にして遊ぼうと言ったのは僕《ぼく》です」としっかりとした声で言った。

しばらく沈黙《ちんもく》の後で、「秘密基地……か」と校長先生が言われ、①その目は細くなって、遠くの山でも見ているような感じになった。「先生も君たちの年の頃《ころ》、秘密基地がものすごう好きになってな……」「裏山の木の上に小屋をつくり、秘密基地にしたんだよ。眺《なが》めはいいし、誰《だれ》にも秘密だし……」ハァちゃんたちは校長先生の話につられて身を乗り出して聴《き》いた。「ところが、うっかり床《ゆか》を踏《ふ》みはずし、そこから落ちて背中をしたたか打って、動けなくなった」「校長先生大丈夫《だいじょうぶ》やったんですか」と周《しゅう》ちゃんが思わず合《あい》の手をいれる。「いや、もうあかんかと思う

(1) ――線①「その目は細くなって」、――線②「優《やさ》しい目で見て」とありますが、これらの部分から、校長先生のどのような思いが読み取れますか。最も適切なものを次から選び、記号で答えなさい。（20点）

ア　秘密基地で遊ぶ子どもたちと自分の経験を重ね、大切な子どもたちが危険な目に遭《あ》わないように諭《さと》そうと思っている。

イ　危険を恐《おそ》れず秘密基地で遊んだ頃《ころ》の自分を思い出し、今も昔と変わらない子どもたちの様子をうれしく思っている。

ウ　秘密基地での遊びに熱中する子どもたちをほほ笑《え》ましく感じ、力強く育つ子どもたちの成長を頼《たの》もしく思っている。

エ　校長室の外に見えている秘密基地の危険性を確認《かくにん》し、危ない遊びに熱中する子どもたちに注意しようと思っている。

□

(2) ――線③「ぐう～と胸があつくなって涙《なみだ》がこみあげてきた」とありますが、ハァちゃんがこのようになったのはなぜですか。その理由を次のように説明するとき、□にあてはまる言葉を、ハァちゃんの気持ちにふれながら、三十字以内で書きなさい。（40点）

・怒《おこ》られて「いい気味だ」くらいに皆《みな》は思っているのだろうと想像していたが、□から。

くらいやったけど、折りよく近所の人が通りかかり助けられたんだよ」

ここまで言って校長先生は子どもたちの顔を一人ひとり②優《やさ》しい目で見て、「秘密基地は面白《おもしろ》いけどな、やっぱり危険ということを考えなあかん。実は校長先生は昨日の夕方、あそこへ行ってみたよ。確かに最高の秘密基地や。それでも危なすぎる。やっぱりやめなさい」子どもたちは何と言っていいのかわからない興奮を感じていた。一同ペコリと頭を下げ、「わかりました」と心から校長先生に約束した。皆《みな》で部屋を出ようとすると、校長先生が言われた。「高先生、先生は素晴《すば》らしい子どもたちの担任でいいですね」「ははっ」と高先生も嬉《うれ》しそうに答えられ、さっきまで青かった顔が今度はまっかになっている。

教室に帰ると、まったく思いがけないことに、クラスの全員が待っていてくれて、「城山君ら無事帰ってきた！」と皆がバンザイをしてくれた。クラスの同級生がこんな気持ちで待っていてくれたのには、ハァちゃんは③ぐう～と胸があつくなって涙《なみだ》がこみあげてきた。ハァちゃんは校長室に行く途中《とちゅう》、深く反省していた。自分たち少数の仲間だけが勝手なことをし、そのために先生にまで迷惑《めいわく》をかけることになった。それで、おそらく、クラスの連中は、ハァちゃんたちが怒《おこ》られるのを「いい気味だ」くらいに思っているだろうと想像していた。ところがそれはまったく違《ちが》ったのだ。「こんな僕を皆が大事に思って待っていてくれた」。ハァちゃんの涙はなかなかとまらなかった。

（河合隼雄「泣き虫ハァちゃん」より）

(3) **本文の内容を説明しているものとして、最も適切なものを次から選び、記号で答えなさい。**（40点）

ア 日常に起こるできごとを通し、子どもたちと厚い信頼《しんらい》関係を築こうとして色々と働きかける先生の一生懸命《けんめい》さが描《えが》かれている。

イ 好奇心《こうきしん》を発揮して冒険的《ぼうけんてき》な遊びに熱中している子どもたちの無邪気《むじゃき》さを、優しく受け入れようとする先生の姿が描かれている。

ウ 身近なできごとを通し、大人に頼《たよ》らずに問題を解決しながら互《たが》いの信頼関係を築いていく子どもたちの力強さが描かれている。

エ 好奇心をくすぐられるような遊びをきっかけに、大人に見まもられながらきずなを育んでいく子どもたちの姿が描かれている。

筆者の体験や思いを読み取る

基本問題①

得点　／100点

学習日　／　日

確認

★ 次の文章を読み、筆者の置かれた状況《じょうきょう》や思いについて、□にあてはまる言葉を文章中から書き抜《ぬ》きなさい。（各10点×3＝30点）

戦争が負けたとわかった時、びっくりした。ほっとしたのでもなく、がっかりしたのでもない。正直いって、ただびっくりしたのである。そしてその日から、周囲の様子がたちまち一変した。

（平成18年度版　教育出版3年170ページ　五木寛之「わたしが哀号とつぶやくとき」・『ゴキブリの歌』より）

筆者の置かれた状況の把握《はあく》

□□ が □□□ とわかった。

筆者の思いの把握

「ほっとしたのでもなく、がっかりしたのでもない」と、一般的《いっぱんてき》に予想される思いを否定することによって、筆者の「□□□□した」思いを強調している。

！ 随筆《ずいひつ》では、筆者の体験や出来事をおさえて、表現を味わいながら、筆者の思いを読み取ることが大切です。

1 次の文章を読んで、あとの問いに答えなさい。

物のない所だったので、使えるものはなんでも使った。傷口を木綿糸《もめんいと》で縫《ぬ》い合わせたり、カミソリをメスの代わりにした。包帯やガーゼなどないので、古くなったシャツやブラウスをよく洗い、切って使った。それでも十分に治っていく自然治癒力《ちゆりょく》のすごさ！　人間のすばらしさを感じずにはいられない。

（平成14年度版　教育出版3年57・58ページ　渡辺啓子「無医村の優しい人々」・『思いきってとび出せば』より）

(1) 筆者が「物のない所」でしたことが書かれているのはどこまでですか。その終わりの五字（句点も含《ふく》む）を書き抜《ぬ》きなさい。（10点）

□□□□□

(2) 筆者の思いについて、次の文の□にあてはまる言葉を文章中から書き抜きなさい。（各5点×2＝10点）

「自然治癒力《ちゆりょく》の□」に「！」がついていることや、「人間の□を感じずにはいられない」という表現から、筆者が感じた強い思いが伝わってくる。

2 次の文章を読んで、あとの問いに答えなさい。

彼《かれ》らは、雨が降ると家の中でじっとしていた。寒い時は、熱いマテ茶を飲みながら火のそばで過ごす。雨がやむと仕事を始める。決して無理をしないのである。川の近くの家が水びたしになると、近くの安全な家で水が引くまで一緒《いっしょ》に生活をする。それに対して気兼《きが》ねしたりはしない。しかたのないことだからだ。せっかくまいた種が雨で流されたり、日照りで、やっと育った苗が枯《か》れたりした時は、さすがに不安になったり悲しんだりするが、それでも「しかたがない。」と言い、「またまけばいいから。」と言う。これを、ある人は「だから生活が向上しない。」と言うし、ある人は「これでいいのだ。」と言う。

わたしにはどちらとも言うことができないのだが、少なくとも、そこで彼らと一緒に生活していくうちに、それがごくあたりまえに思えてきたことも事実だ。

（平成14年度版　教育出版3年60ページ　渡辺啓子「無医村の優しい人々」・『思いきってとび出せば』より）

(1) ——線部は、「彼《かれ》ら」のどのような考えに基づくからですか。次の文にあてはまる言葉を、文章中から六字で書き抜《ぬ》きなさい。（10点）

〔無理をしても［　　　　　　］から。〕

(2) 「彼ら」に対する「わたし」の思いを、［　］にあてはまるように、文章中から書き抜きなさい。（10点）

〔彼らの生活ぶりが［　　　　］に思えるようになった。〕

3 次の文章を読んで、あとの問いに答えなさい。

歩きながら、晴れた冷たい空気の中に見える遠い富士《ふじ》を眺《なが》めつつ、私は「①立ってくる春」のかたちを、決めた。

立ってくる春とは、さまざまな小さい生き物でみっしり埋《う》めつくされた一枚の絵のようなものにちがいない。その春が、地平線の向こうにゆっくり上がってくる。最初のころは端《はし》っこだけしか地平線近くに見えていないが、太陽がのぼるように、日々次第《しだい》に高くのぼってゆく。そして四月ともなれば、すっかり全天を覆《おお》うようになるのである。

これだけのことを決め、②ようやく私は満足した。よしよし。謎《なぞ》は解けた。なるほど春は立つものであろう。まだあんまり見えないけれど、たしかに、今日、ずっと向こうのあの山のあたりに、春が立った。うんうん。

（平成28年度版　教育出版3年20・21ページ　川上弘美「立ってくる春」・『あるようなないような』より）

(1) ——線①「『立ってくる春』のかたち」について、筆者が説明している三十三字の言葉を探し、初めの五字を書き抜きなさい。（10点）

［　　　　　］

(2) ——線②「ようやく私は満足した」とありますが、筆者の満足する思いが表れた表現を文章中から二つ、それぞれ四字で書き抜きなさい。（各10点×2＝20点）

・［　　　　］
・［　　　　］

筆者の体験や思いを読み取る

基本問題②

得点
／100点

学習日
／　日

1 次の文章を読んで、あとの問いに答えなさい。（各10点×2＝20点）

短歌をつくっていると言うと、よく質問されることがある。

「歌になることばと、ならないことばって、どう違《ちが》うんですか？」

「美しい日本語って、どういうことばだと思いますか？」

もともと、歌に向いていることばとか、美しいことばとかがあるのではない、とわたしは思う。辞書に載《の》っているときには、みんな同じ顔をしていることばたち。そのことばたちを、どう使っていくか。その心のこめ方によって、ことばは美しくもなるし、醜《みにく》くもなる。

「美しい」「美しくない」は、ことばそのものの責任ではなく、それを使う人間の側の問題ではないだろうか。


（平成14年度版　三省堂3年2ページ　俵 万智「ことばが輝くとき」）

(1) ——線部の「質問」に対する筆者の直接的な答えを一文*で探し、初めの四字を書き抜《ぬ》きなさい。

□□□□

*文…まとまった内容を表すひと区切り。終わりに「。」（句点）などがつく。

(2) ことばの美しさは何によって決まると筆者は述べていますか。次の文の□にあてはまる言葉を、文章中から書き抜きなさい。

（ことばを使う人間の□□□□□。）

2 次の文章を読んで、あとの問いに答えなさい。（各7点×4＝28点）

「この味がいいね」と君が言ったから七月六日はサラダ記念日
恋《こい》をしているときは、どんな小さなできごとでも、自分にとっては忘れられないものとなる。そんなときめきを表現したくて、わたしはことばを探した。サラダということばも、記念日ということばも、とても身近なものだ。けれど、この二つのことばを組み合わせることによって、自分なりの恋の気持ちを表すことができたように思う。サラダと記念日が出会うことによって、それまでにはなかった輝《かがや》きが、この二つのことばに生まれた瞬間《しゅんかん》だった。

（平成14年度版　三省堂3年4～6ページ　俵 万智「ことばが輝くとき」）

(1) ——線「そんな……探した」とありますが、筆者が探した言葉を二つ、文章中から書き抜きなさい。

（　　　・　　　）

(2) 次の文の□にあてはまる言葉を文章中から書き抜いて、筆者の思いを答えなさい。

（二つのことばの組み合わせで、□□□□□が表せ、短歌のことばに□□が生まれたと感じた。）

3 次の文章を読んで、下の問いに答えなさい。

　では、そんなふうにことばを使えるようになるには、どうしたらいいのだろう。恋《こい》の告白というような一大事のときだけ、急にがんばっても、やはり無理である。ふだんわたしたちは、初対面の人を含《ふく》め、家族や友人やあらゆる人たちと、ことばを使ってコミュニケーションをしている。その一つ一つの場面で、①ことばを大切に使っていくことが、なによりのトレーニングだ。ことばを使うたびに、よく選び、よく考え、そして心をこめること。その積み重ねが、心の筋肉を鍛《きた》えてくれる。肉体と同じで、日ごろから使っていれば、②ここぞというときに力を発揮できるだろうし、怠《なま》けていれば、どんどん筋肉は衰《おとろ》えてしまう。

　豊かな心には、豊かな［　］が詰《つ》まっている。そして豊かなことばがあれば、豊かな恋をすることができるだろう。愛する人からの、なによりのプレゼントは、③ことばの花束なのだから。

（平成14年度版　三省堂3年7・8ページ　俵 万智「ことばが輝くとき」）

(1) ――線①について、次のそれぞれの問いに答えなさい。

① 「ことばを大切に使っていく」とはどうすることかを具体的に述べた一文を探し、初めの六字を書き抜《ぬ》きなさい。（10点）

［　｜　｜　｜　｜　｜　］

② ①の積み重ねによってどうなるのですか。次の［　］に比喩《ひゆ》を使った表現を書き抜いて答えなさい。（10点）

（［　　］が鍛《きた》えられる。）

(2) ［　］にあてはまる言葉を、文章中から書き抜きなさい。（10点）

（　　）

(3) ――線②とは「ことば」についていえばどういうことですか。［　］にあてはまる言葉を、文章中から書き抜きなさい。（完答10点）

（自分の［　　］を豊かな［　　］で表現することができるということ。）

(4) ――線③「ことばの花束」という表現の説明として最も適切なものを次から選び、記号で答えなさい。（12点）

ア　花束に負けないくらいことばは美しいという意味の表現。
イ　心のこもったことばを大切に思う心情を花束に託《たく》した表現。
ウ　華《はな》やかな花束のようにことばを飾《かざ》ることを望んでいる表現。

［　　］

筆者の体験や思いを読み取る

標準問題

得点　／100点

学習日　／　日

1 次の文章を読んで、下の問いに答えなさい。

①「ヤン=スヨンと私は、四月半ばのある日に、とあるホテルのティールームで会うことになった。彼女《かのじょ》が勤めている出版社のカメラマンと、彼女が用意した通訳も一緒《いっしょ》である。

韓国《かんこく》で受けたインタビューで、こんなに②「自分の言っていることを分かってもらえている。」という感触《かんしょく》を持ったのはそれが初めてのことだった。通訳がいても足らない部分を彼女は英語で私に尋《たず》ね、お互《たが》いの意志が通じお互いが納得《なっとく》いくまで、私と彼女は話を続けた。

　インタビューを終え、市内の公園で写真を撮《と》ることになった。少し歩くと汗《あせ》ばんでくるほどよい天気で、写真を撮りながらも［　　］私たちは話を続けていた。大学では英文学を専攻《せんこう》していたという彼女は一般的《いっぱんてき》な韓国人よりも英語を上手に操《あやつ》り、私たちは韓国語でだめな時は英語を交えながらもおしゃべりを続けた。私と彼女は同い年だったし、公園の時点で、それはもうインタビューではなく女の子同士の「おしゃべり」になっていたと言っていい。

（平成28年度版　学校図書3年10・11ページ　鷺沢萠「ケナリも花、サクラも花」）

(1) ――線①とありますが、二人が会った目的は何ですか。文章中から書き抜《ぬ》きなさい。（10点）

〔　　　　　　　　〕

(2) ――線②の感触《かんしょく》は、どんなことによりますか。次の［　］にあてはまる言葉を、文章中から書き抜きなさい。（10点）

〔お互《たが》いが納得《なっとく》いくまで［　　　　　］こと。〕

(3) ［　］にあてはまる言葉を次から一つ選び、記号で答えなさい。（10点）

ア　やっと　　**イ**　まだ

ウ　もはや　　**エ**　もう

［　　］

(4) この文章で筆者が表現していることとして最も適切なものを次から選び、記号で答えなさい。（10点）

ア　日本と韓国《かんこく》という国の習慣の違《ちが》いを、インタビューを通じて痛感させられたこと。

イ　同い年の女の子同士として、インタビューはそっちのけでおしゃべりが弾《はず》んだこと。

ウ　納得《なっとく》いく印象深いインタビューのあとも、二人の心が通じ合い、親密になっていったこと。

［　　］

2 次の文章を読んで、下の問いに答えなさい。

〔日本がまだ国際的に認められていない時代、「私」はパリの大学の講師をしていた。月末は特に貧しく、顔なじみになったレストランでオムレツだけを注文していた。〕

その後、何か月かたった二月の寒い季節、また貧しい夜がやって来た。花のパリというけれど、北緯《ほくい》五十度に位置するから、わりに寒い都で、九月半ばから暖房《だんぼう》の入る所である。冬は底冷えがする。その夜は雹《ひょう》が降った。私は例によって①無理に明るい顔をしてオムレツだけを注文して、待つ間、本を読み始めた。店には二組の客があったが、それぞれ大きな温かそうな肉料理を食べていた。そのときである。背のやや曲がったお母さんのほうが、湯気の立つスープを持って私のテーブルに近寄り、震《ふる》える手でそれを差し出しながら、小声で、「お客様の注文を取り違《ちが》えて、余ってしまいました。よろしかったら召《め》しあがってくださいませんか。」と言い、優《やさ》しい瞳《ひとみ》でこちらを見ている。小さな店だから、今、お客の注文を間違えたのではないことぐらい、②私にはよくわかる。

こうして、目の前に、どっしりしたオニオングラタンのスープが置かれた。寒くてひもじかった私に、それはどんなにありがたかったことか。涙《なみだ》がスープの中に落ちるのを気取られぬよう、③一さじ一さじかむようにして味わった。フランスでもつらいめに遭《あ》ったことはあるが、この人たちの④さりげない親切のゆえに、私がフランスを嫌《きら》いになることはないだろう。いや、それればかりではない、人類に絶望することはないと思う。

〔 〕部分要約

（平成28年度版 光村図書3年238・239ページ 今道友信「温かいスープ」）

(1) ――線①「無理に明るい顔をして」とありますが、「私」は実際はどんな状態だったのですか。文章中から九字で書き抜《ぬ》きなさい。（10点）

(2) ――線②「私にはよくわかる」とありますが、このとき「私」に強くそう思わせた、スープを差し出した人の様子や表情を表す言葉を二字と四字で書き抜きなさい。（各10点×2＝20点）

(3) ――線③「一さじ一さじかむようにして味わった」ときの「私」の気持ちを表す言葉としてあてはまらないものを次から一つ選び、記号で答えなさい。（10点）

ア 喜び　イ 感謝

ウ みじめさ　エ 感動

(4) ――線④「さりげない親切」は「私」にどんな思いを抱《いだ》かせましたか。文章中の言葉を使って二つ書きなさい。（各10点×2＝20点）

たしかめよう

完成問題①

得点
／100点

学習日
／　日

次の文章を読んで、下の問いに答えなさい。

「わたし」はブラジルのアメリカン-スクールのたった一人の日本人だった。世界史の授業「パール-ハーバー＊」が憂鬱《ゆううつ》で、仮病《けびょう》で学校を休む作戦をたてた。

朝になって、何度、母が起こしに来ても、私はベッドを離《はな》れようとしなかった。しばらくすると、母は、パンがゆを作ったから起きる？　と、ききに来た。病気の時、母はいつもパンがゆを作ってくれた。母は病気を信じてくれたのだろうか……私はそのかすかに甘《あま》いパンがゆを食べながら、やっぱりスクール-バスに乗っていこうと思ったのだった。

世界史の教室に入る。足早に自分の席に向かう私に、「ハーイ、クニコ！」と先生は声をかけてくれた。その声の明るさに、かえって①私の心は緊張《きんちょう》した。

授業がどう始まったのか、覚えていない。私はまるで石のように微動《びどう》だにせず、教科書のそのページを開いたまま、下を向いていた。緊張のあまり、②周囲から音が消えてしまったかのようだった。

先生が黒板に何かを書いている……日本の石油の輸入の割合だ……おやっ……教科書にそんなこと書いてあったっけ……。

先生の声が耳に戻《もど》ってくる。先生はどんどんしゃべっていく。

日本は資源が乏《とぼ》しいこと、発展するために外国から資源を輸入

＊パール-ハーバー…一九四一年十二月、日本海軍は、ハワイのパール-ハーバーに集結していたアメリカ太平洋艦隊《かんたい》を攻撃《こうげき》し、大打撃を与《あた》えた。アメリカ側の死者多数。アメリカに対する最後通達（攻撃するという知らせ）が遅《おく》れたため、日本のこの攻撃は国際法違反《いはん》の奇襲《きしゅう》（敵の不意をついた攻撃）だと非難された。

（平成28年度版　学校図書3年266・267ページ　猪口邦子「パール-ハーバーの授業」・『母の加護』より）

(1) ――線①「私の心は緊張《きんちょう》した」とありますが、緊張のあまり動けなくなった「私」の様子が比喩《ひゆ》（たとえ）で表された部分を探し、十四字で書き抜《ぬ》きなさい。（15点）

(2) ――線②「周囲から音が消えてしまったかのようだった」とありますが、このあと再び音が聞こえたことがわかる表現を一文で探し、初めの五字を書き抜きなさい。（15点）

しなければならないこと、どんなに資源の乏しい国でも、貿易によって発展する権利があること、しかし、欧米《おうべい》諸国は、アジアの国が発展し過ぎることは許せないと思っていたこと、そこで、日本の資源輸入を困難にしていったこと……（中略）違《ちが》う！教科書と全く違うことを先生は授業でしゃべっている！

先生は③たった一人の生徒のために、その授業をやってくれたのだった。クラスの誰《だれ》もが、授業の内容が教科書と全く違うことに気がついていた。しかし、いつもは活発な生徒たちの一人として、そのことを問う子はいなかった。

戦争には、たくさんの原因がある、と先生は言った。戦争だけでなく、国と国との間の事件には必ず複雑な背景がある――それを単一原因論に短絡《たんらく》させてしまうのは、歴史に対する暴力だ――と先生は授業を閉じた。

④部屋を出る時、先生に心から何かを言いたかった。けれど、ひと言でもしゃべったら、涙《なみだ》が一気にあふれそうだった。かつてないほど、私はパール-ハーバーを恥《は》じていた。それでも、日本非難の矢面《やおもて》に立たないで済んだことに、⑤私の中の子供の部分は本当に救われたのだった。

しかしその時私は、⑥私の中にもう一人の自分を発見する。もはや子供とは呼べないそのもう一人の私は、国際関係の複雑な絡《から》み合いを解明していく仕事を、そして平和の追求に関わる仕事を夢見ていた。

〔　〕部分要約

(3) ――線③「たった一人の生徒」とありますが、誰《だれ》のことですか。本文中からそれを指す言葉を二つ書き抜きなさい。（各10点×2＝20点）

(4) ――線④とありますが、何を言いたかったと思われますか。次から一つ選び、記号で答えなさい。（15点）

ア　クラスの生徒への怒《いか》り　　イ　授業内容への不満
ウ　日本人としての誇《ほこ》り　　エ　感謝の言葉

(5) ――線⑤の「子供の部分」で考えていることとして適切でないものを次から一つ選び、記号で答えなさい。（15点）

ア　仲間はずれになることを恐《おそ》れること。
イ　周囲から非難されることをつらく感じること。
ウ　どんなときも自分の意見をきちんと言えること。
エ　いやな目にあわなくてすむことを望むこと。

(6) ――線⑥の「もう一人の自分」は、将来についてどんなことを考えていましたか。文章中の言葉を使って二つ書きなさい。（各10点×2＝20点）

たしかめよう

完成問題②

得点　／100点

学習日　／　日

次の文章は、筆者が勤務していた工場で、試作の台車が完成した時の思い出を語ったものです。文章を読んで、下の問いに答えなさい。

（2013年度愛知県Aグループ入試問題改題）

1 （前略）エンジンの甲高《かんだか》い音を放って懸命《けんめい》に塗装《とそう》工場の前を走って行くそれを見ると、なんともいえぬ気持ちに襲《おそ》われた。と同時に、車を追って思わずどっと駆《か》け出した人々の動きが、まるで自分の血のように身体の中に脈打っているのを感じてもいた。それまでに経験したことのない、なにか大きな分厚いものに背後から押《お》し包まれるのに似た感動をぼくは味わっていた。

2 流れの生産にはいる前の実験用の台車であり、新しい技術的な試みを積んだうまく走るか走らぬかわからぬような一台だけのあの車は、試作に携《たずさ》わったすべての人々にとっての自分の作品であったのかもしれない。そして振《ふ》り返ってみると、ぼくが感動をさそわれたのは、あの①ぶざまでかれんな車の走る姿であるというより、むしろそれを追って一斉《いっせい》に駆け出した人々の大きな動きの方ではなかったか、と思われるのである。あるいは、車を追って駆け出す人々と、ぼくが②その動きを共有することができたための感動であったのかもしれない。

3 後になってから始走式の思い出話を職場でしていると、造船所で働いていたという中年のエンジニアが、船の進水式というのはなぜかむしょうに涙《なみだ》が出て仕方がないものだ、と照れたように笑いながら話してくれた。彼にしても、もしたった一人で

始走式の場にいた人々は、天にも昇《のぼ》るような気持ちは抱かなかったかわりに、④しみじみと自らの仕事をかみしめていたに違いないのである。そしてかかる感動を大きく育てあげたのは、同じ思いが肩触《ふ》れ合って立っている人々の中にも動いているのだ、といった連帯への静かな認識《にんしき》であったと思われる。

※1～5は段落番号を表します。

（黒井千次「働くということ」より）

＊ぼうだと…とめどなく流れ出るさま。

(1) □にあてはまる最も適切な言葉を次から選び、記号で答えなさい。（10点）

ア おもむろに　イ こっそりと　ウ ひっそりと　エ いたずらに

(2) ――線①の言葉に込《こ》められた筆者の気持ちとして最も適切なものを次から選び、記号で答えなさい。（15点）

ア 喜び　イ 謙《けん》そん　ウ 落胆《らくたん》　エ 親しみ　オ 称賛《しょうさん》

(3) ――線②について、筆者がこのときに抱いた感覚を、たとえを用いて表した一文があります。文章中から探して、初めの四字を書き抜《ぬ》きなさい。（25点）

進水式をやったのだとしたらそれほど涙は流れなかったのではあるまいか。船という巨大なものを製造するのに参加した多くの人々と肩《かた》を並べて、[　　]動き出す船体を見つめるからこそ、涙はぼ*うだと下ったのではなかったか。そこには一つの仕事に結ばれた人々の共感が重く渦巻《うずま》いていたのに違《ちが》いない。

4 多数の人々が集《あつま》ってなにか一つのことを成し遂《と》げた時、そこに感動の生まれるのはよくあることだ。優勝したスポーツチームの選手が泣くのは珍《めずら》しくないし、力を合わせて準備した催《もよお》し物が成功した時に胸が熱くなったりする経験はだれにも多少はあるだろう。けれど、労働の場における始走式や進水式の感動には、なにか③それ以上の重みがあるように思えてならない。進水式には参加した体験がないのでそちらの方はわからないが、少なくとも試作車の始走式などでは、よく映画やテレビドラマにでも出てきそうな場面、喜びの涙にくれて肩を抱《だ》き合ったり、固い握手《あくしゅ》を交《か》わしたりする光景は見られない。ぼくの知る始走式では、人々はただ、走った、走った、と声をあげて試作台車を追っただけであり、あとは構内を遠ざかって行くその車の後ろ姿を腕《うで》を組んでじっと見つめているにとどまった。人々の示したのは一種寡黙《かもく》な感動であった。それだけに重みが感じられた。口に出し、身体に現さずとも、心の内にあるものは自然にわかり合っているのだ、という暗黙の了解《りょうかい》がお互《たが》いの間を満たしているかのようだった。

5 この重みは、感動の中心にあるのが労働であったからに違いない。特別の決意や際立《きわだ》った忍耐《にんたい》を必要とはしない、日常作業の目には見えぬ無限の積み上げが到達《とうたつ》した成果には、日々の生活自身の重みがゆったりと詰《つ》め込まれていたのだろう。だから、

(4) ——線③について、筆者がそう思った理由として最も適切なものを次から選び、記号で答えなさい。（25点）

ア 人々の心には、始走式を迎《むか》えてやっと単調な日常作業から解放されたという喜びのほかに、一つの仕事を成し遂《と》げたという共感が渦巻《うずま》いていたように感じられたから。

イ 人々の心には、みんなで力を合わせて完成させたという感動だけでなく、始走式は日々の労働の積み重ねによる成果だという共通の思いがあるように感じられたから。

ウ 喜びの涙《なみだ》を流して肩《かた》を抱《だ》き合ったり固い握手《あくしゅ》を交《か》わしたりしなくても、人々には労働のつらさに耐《た》えながら日々生活を送っているという連帯感があるように感じられたから。

エ みんなでなにか一つのことを成し遂げたという感動はあっても、人々にはそれを口に出したり身体に現したりしてはいけないという暗黙《あんもく》の了解《りょうかい》があるように感じられたから。

[　　]

(5) ——線④について、この時の人々の心情を説明した次の文の[　　]にあてはまる最も適切な言葉を、1段落から2段落までの文章中から探し、五字で書き抜きなさい。（25点）

試作にかかわったすべての人たちは、それぞれが完成した一台の台車を[　　]としてとらえ、静かな喜びと達成感を覚えている。

[　　　　　]

1 詩の種類・表現技法

基本問題①

得点　／100点

学習日　／　日

確認

★次の詩を読み、あとの□にあてはまる言葉を書いて、詩の種類や表現技法についてまとめなさい。（各10点×2＝20点）

富士山《ふじさん》　作品第質＊　草野心平《くさのしんぺい》

地球とともに。
夜をくぐり。
ああ。
最初の日本《にっぽん》。
薔薇《ばら》の山巓《さんてん》＊。

＊第質…「第七」編のこと。
＊山巓…山頂。

（草野心平『草野心平全集第一巻』筑摩書房より）

詩の種類

この詩は現代の話し言葉で書かれているので**口語詩**である。また、一行の音数が決まっている定型詩ではなく、**自由詩**である。したがって、この詩の種類は［　］［語］［　］［　］［詩］である。

この詩に用いられている表現技法

最後の二行の行末は、「日本《にっぽん》」「山巓《さんてん》」と体言（名詞）である。したがって、［　］［　］［止］［め］が用いられている。

1 次の詩を読み、詩の種類について、□にあてはまる言葉を書きなさい。（各10点×3＝30点）

相聞《さうもん》　芥川龍之介《あくたがわりゅうのすけ》

また立ちかへる水無月《みなづき》の
歎《なげ》きを誰《たれ》にかたるべき。
沙羅《さら》のみづ枝《え》に花さけば、
かなしき人の目ぞ見ゆる。

（芥川龍之介『芥川龍之介全集第九巻』岩波書店より）

(1) 「かたるべき」「かなしき」「目ぞ見ゆる」は、口語（現代の話し言葉）ではなく、**文語**（昔の書き言葉）なので、この詩は［　］［　］［詩］である。

(2) またたちかへる（七音）みなづきの（五音）
なげきをたれに（七音）かたるべき（五音）

このように各行の音数に決まりがある（**定型**）ので、この詩は、［　］［　］［詩］である。

したがって、この詩の種類は［　］［語］［　］［　］［詩］である。

2 次の詩を読み、詩の種類や表現技法について(1)の□にあてはまる言葉を考えて書きなさい。また、(2)～(4)の□にはそれぞれあとの□からあてはまる言葉を選んで書きなさい。

（各10点×5＝50点）

レモン哀歌《あいか》

高村光太郎《たかむらこうたろう》

そんなにもあなたはレモンを待つてゐた
かなしく白くあかるい死の床《とこ》で
わたしの手からとつた一つのレモンを
あなたのきれいな歯ががりりと嚙《か》んだ
トパアズいろの香気《かうき》が立つ
その数滴《てき》の天のものなるレモンの汁《しる》は
ぱつとあなたの意識を正常にした
あなたの青く澄《す》んだ眼《め》がかすかに笑ふ
わたしの手を握《にぎ》るあなたの力の健康さよ
あなたの咽喉《のど》に嵐《あらし》はあるが
かういふ命の瀬戸《せと》ぎはに
智恵子《ちゑこ》はもとの智恵子となり
生涯《しやうがい》の愛を一瞬《いつしゆん》にかたむけた
それからひと時
昔山巓《さんてん》でしたやうな深呼吸を一つして
あなたの機関はそれなり止まつた
写真の前に挿《さ》した桜の花かげに
すずしく光るレモンを今日も置かう

（平成28年度版　東京書籍3年210・211ページ　高村光太郎「レモン哀歌」・『智恵子抄』より）

---

(1) この詩は、歴史的仮名遣《かなづか》いを使っているが、現代の話し言葉で書かれ、各行の音数に決まりはない。したがってこの詩の種類は、□□□□□である。

(2) 1行目と2行目は、普通《ふつう》の語順では、「かなしく白くあかるい死の床《とこ》で／そんなにもあなたはレモンを待つてゐた」となるところを逆に書いてある。したがってこの部分には、□が用いられている。

体言止め　倒置法《とうちほう》　反復法

⇩ 智恵子《ちえこ》がレモンを待ち望んでいた印象が強く伝わってくる。

(3) 4行目には「がりりと」というレモンをかむ音を表す言葉、つまり、□が用いられている。

擬態語《ぎたいご》　擬音語

⇩ レモンをかむ様子が、生き生きと描《えが》かれている。

(4) 10行目の「□」、16行目の「機関」という言葉は、どちらも□（暗喩《あんゆ》）である。

咽喉《のど》　嵐《あらし》　比喩表現　省略表現

⇩ 客観的な表現から深い悲しみが伝わってくる。

1 詩の種類・表現技法

基本問題②

得点
／100点

学習日
／日

1 次の詩を読んで、下の問いに答えなさい。

永遠《とは》のみどり　　原《はら》　民喜《たみき》

ヒロシマのデルタに
若葉うづまけ　　　一連＊

死と焔《ほのほ》の記憶《きおく》に
よき祈《いの》よ　こもれ　　　二連

とはのみどりを
とはのみどりを　　　三連

ヒロシマのデルタに
青葉したたれ　　　四連

＊連《れん》…詩のまとまり。連と連の間は、普通《ふつう》、行を空ける。

（平成14年度版　教育出版3年101ページ　原 民喜「原爆小景」・『定本原民喜全集Ⅲ』より）

(1) 第一連の「若葉」と同じような意味を表す言葉を、詩の中から二つ書き抜《ぬ》きなさい。（各5点×2＝10点）

[　　]・[　　]

(2) (1)で答えた言葉と対照的な表現を、第二連から書き抜きなさい。（6点）

[　　]

(3) この詩に用いられている次の表現技法を、それぞれあとの[　]から選んで書きなさい。（各6点×2＝12点）

① 第三連に用いられている同じ言葉が繰《く》り返される表現技法。

[　　]

② 第一連と第四連のように同じ表現を用いたり、組み立てを同じようにする表現技法。

[　　]

対句法《ついくほう》　倒置法《とうちほう》　反復法　体言止め

(4) 第一連の「うづまけ」という命令形には、平和を望む作者の願いが強調されています。このほかに二つ、命令形の語を書き抜きなさい。（各6点×2＝12点）

[　　]・[　　]

2 次の詩を読んで、下の問いに答えなさい。

ミミコの独立

山之口獏《やまのぐちばく》

とうちゃんの下駄《げた》なんか
はくんじゃないぞ
ぼくはその場を見て言ったが
とうちゃんのなんか
はかないよ
とうちゃんのかんこ*をかりてって
ミミコのかんこ
はくんだ　と言うのだ
①こんな理窟《りくつ》をこねてみせながら
ミミコは小さなそのあんよで
②まな板みたいな下駄をひきずって行った
土間では片隅《かたすみ》の
かます*の上に
赤い鼻緒《はなお》の
③赤いかんこが
かぼちゃと並んで待っていた

＊かんこ…下駄のこと。
＊かます…野菜などを入れるわらで作った袋《ふくろ》。

（『現代詩文庫　山之口獏詩集』思潮社より）

(1) この詩の種類を漢字五字で書きなさい。（10点）

(2) ――線①「こんな理窟《りくつ》」の説明として最も適切なものを次から選び、記号で答えなさい。（10点）

ア　自分の下駄《げた》が見つからないから、探しているのだ。
イ　自分の下駄をはくために、ちょっと借りただけだ。
ウ　自分の足に合う下駄が、やっと見つかったのだ。

(3) ――線②「まな板みたいな下駄をひきずって行った」について、次のそれぞれの問いに答えなさい。（各10点×2＝20点）

① ここに使われている表現技法を、次から選んで書きなさい。

直喩《ちょくゆ》　隠喩《いんゆ》　対句法《ついくほう》

② この表現技法は、どんな効果をあげていますか。最も適切なものを次から選び、記号で答えなさい。

ア　まな板を下駄にたとえて、ミミコの自尊心を強調する。
イ　下駄をまな板にたとえて、ミミコの足の小ささを強調する。
ウ　足の大きさを下駄にたとえて、ミミコの幼さを強調する。

(4) ――線③「赤いかんこが／かぼちゃと並んで待っていた」に使われている表現技法を次から一つ選び、記号で答えなさい。（20点）

ア　体言止め　　イ　直喩
ウ　倒置法《とうちほう》　　エ　擬人法《ぎじんほう》

2 詩の鑑賞

基本問題①

得点
／100点

学習日
／ 日

★ 確認

次の詩を読んで、下の□の中には詩の中の言葉を書き抜《ぬ》き、【 】の中はあてはまる記号を○で囲みなさい。
（各5点×8＝40点）

鉄棒《てつぼう》　　村野四郎《むらのしろう》

僕《ぼく》は地平線に飛びつく
僅《わずか》に指さきが引っかかった
僕は世界にぶら下《さが》った
筋肉だけが僕の頼《たの》みだ
僕は赤くなる 僕は収縮する
足が上《あが》ってゆく
おお　僕は何処《どこ》へ行く
大きく世界が一回転して
僕が上になる
高くからの俯瞰《ふかん》
ああ　両肩《りょうかた》に柔軟《じゅうなん》な雲

（『現代詩文庫　村野四郎詩集』思潮社より）

様子をとらえる　この詩には、「□」が□に飛びつき、ぶら下がったところから□して、高い所からながめている様子が描《えが》かれている。

心情をとらえる　作者の心情は、足が上がったときの「□」と、自分が上になって見えた景色に「□」と感動詞を用いている行に表れ、【ア 視点　イ 身体】の変化による感動が描かれている。

主題にせまる　この詩は短いフレーズでリズミカルに動きを描写《びょうしゃ》することで【ア 躍動感《やくどうかん》　イ 安定感】を伝えている。8行目で動きが転換《てんかん》し、作者の【ア 期待感　イ 達成感】を共有することができる。

！ 様子や心情をとらえ、詩の主題にせまりましょう。

▼ 次の詩を読んで、下の問いに答えなさい。

初恋《はつこい》　島崎藤村《しまざきとうそん》

まだあげ初《そ》めし前髪《まへがみ》の
林檎《りんご》のもとに見えしとき
前にさしたる花櫛《はなぐし》の
花ある君と思ひけり

やさしく白き手をのべて
林檎をわれにあたへしは
薄紅《うすくれなゐ》の秋の実に
人こひ初めしはじめなり

わがこころなきためいきの
その髪の毛にかかるとき
たのしき恋《こひ》の盃《さかづき》を
君が情《なさけ》に酌《く》みしかな

林檎畠《ばたけ》の樹《こ》の下《した》に
おのづからなる細道は
誰《た》が踏《ふ》みそめしかたみぞと
問ひたまふこそこひしけれ

（平成28年度版　三省堂3年150・151ページ　島崎藤村「初恋」・『日本の詩歌1　島崎藤村』より）

(1) 「まだあげ初《そ》めし前髪《まへがみ》」であるのは誰《だれ》ですか。同じ連から一字で書き抜《ぬ》きなさい。（15点）

＊まだあげ初めし…まだ結びあげたばかりの。

□

(2) 「人こひ初めしはじめなり」とは、どういうことですか。次の文の□にあてはまる言葉を詩の中から書き抜きなさい。（各5点×2＝10点）

「□」が「□」への恋心《こいごころ》を自覚したことを表している。

(3) 第三連の「たのしき恋《こひ》の盃《さかづき》を／君が情《なさけ》に酌《く》みしかな」に表された気持ちを次から一つ選び、記号で答えなさい。（20点）

ア　自分の恋心を君が受けとめてくれたことがうれしい。
イ　君が盃《さかずき》についでくれるお酒に静かに酔《よ》いしれていたい。
ウ　二人で盃を交《か》わしてお酒を飲むのがこのうえなく楽しい。
エ　君に思いが通じない悲しみを酔って忘れたい。

□

(4) この詩は「初恋」をどのような順で描《えが》いていますか。次の各文を順に並べ、記号で答えなさい。（完答15点）

ア　少年の恋心が高まってゆくことへの喜び。
イ　美しい少女との出会いとあこがれ。
ウ　恋の成就《じょうじゅ》を思わせる互《たが》いの思いの深まり。
エ　少年の心の中に芽生えた恋心への自覚。

□→□→□→□

2 詩の鑑賞

基本問題②

得点　／100点

学習日　日

1 次の詩を読んで、下の問いに答えなさい。

飛込《とびこみ》　村野《むらの》四郎《しろう》

花のやうに雲たちの衣装《いしやう》が開く
水の反射が
あなたの裸体《らたい》に縞《しま》をつける
あなたは遂《つひ》に飛びだした
筋肉の翅《はね》で。
日に焦《こ》げた小さい蜂《はち》よ
あなたは花に向《むか》つて落ち
つき刺《さ》さるやうにもぐりこんだ
やがて　あちらの花のかげから
あなたは出てくる
液体に濡《ぬ》れて
さも重たさうに

（平成12年度兵庫県入試問題改題）

(1) この詩はどんな場面を描《えが》いていますか。□に詩の中の言葉を書き抜《ぬ》きなさい。（各5点×3＝15点）

作者は、屋外プールの観客席で、一人の選手を□のイメージでとらえ、選手が□の中に飛び込《こ》んで□までの一連の動きを描いている。

(2) ——線「花のやうに雲たちの衣装《いしやう》が開く」を説明した次の文の□に、詩の中の言葉を書き抜きなさい。（各5点×3＝15点）

水面に映る□が、□が開くように動いた様子を、「□」が開く」と表現している。

(3) この詩の説明としてあてはまらないものを次から一つ選び、記号で答えなさい。（10点）

ア 明るい夏空の下、選手の躍動感《やくどうかん》に満ちた動きが描かれている。
イ 最後の部分には緊張《きんちょう》から解放された様子が描かれている。
ウ 比喩《ひゆ》が多用され、情景が映像を見るかのようである。
エ 水中に没《ぼっ》していく緊張感と不安を中心に描いている。

□

100

教育出版
伝え合う言葉　中学国語３

東京書籍
新しい国語３

光村図書
国語３

三省堂
現代の国語３

できた！
中3国語
読解

中学基礎がため100%

教科書との内容対応表

※令和３年度の教科書からは、
こちらの対応表を使いましょう。

●この「教科書との内容対応表」の中から、自分の教科書の部分を切り取って、本書の3ページ「もくじ」の右の部分にはりつけ、勉強をするときに活用してください。
●この表の左側には、みなさんが使っている教科書の単元を示してあります。右側には、それらの単元の学習内容に対応する「できた！中３国語 読解」のページを示してあります。

くもん出版

2 次の詩と鑑賞文《かんしょうぶん》を読んで、下の問いに答えなさい。

（平成13年度茨城県入試問題改題）

どの辺からが天であるか
鳶《とび》の飛んでゐるところは天であるか
人の眼《め》から隠《かく》れて
こゝ《（こ）》に
静かに熟《う》れてゆく果実がある
おゝ《（お）》　その果実の周囲は既《すで》に天に属してゐる

（高見順《たかみじゅん》の詩「天」による。）

　たった六行の短い詩ですが、大変深い思いのある詩です。天というのは空とは少し違《ちが》います。空という名詞は言ってみれば物理的ですが、天には抽象的《ちゅうしょうてき》な意味があって、空のように科学的な割り切りができないところがあると思います。古来、天とは神々の住むところであり、太陽も月も拝む対象であったわけですから。

　この詩でうたわれている天は、人間の知恵《ちえ》のとどかないところ、非常に高みにあるところで、せいぜいおまけして鳶が飛んでいる辺りまで。しかし、秋になって熟れていく果実にも人の知恵のとどかない神秘を感じて、詩人は、熟れた果実のまわりもまた天に属しているといっているわけです。

（財部鳥子『詩の贈りもの12カ月（秋、冬）』より）

---

(1) 詩の初めの二行で繰《く》り返されている言葉を書き抜《ぬ》きなさい。また、この表現技法を何というか、答えなさい。（各5点×2＝10点）

言葉 □　　表現技法 □□□

(2) この詩の「天」について説明した次の文の□にあてはまる言葉を、鑑賞文から書き抜きなさい。（各8点×5＝40点）

「空」は□□□な名詞で、科学的に割り切れるが、「天」には□□□な意味があり、古来、□□の住むところであった。したがって、この詩の「天」は□□□□□のとどかない、非常に□□にあるところなのである。

(3) ——線「その果実の周囲は既《すで》に天に属してゐる」とはどういうことですか。▒部を参考に次から一つ選び、記号で答えなさい。（10点）

ア　秋になって熟《う》れてゆく果実にも、天と同じように人の知恵《ちえ》のとどかない神秘が感じられるということ。
イ　秋になって熟れてゆく果実は鳶《とび》の標的となるので、鳶の飛ぶ天のものであるということ。
ウ　秋になって熟れてゆく果実を目にすることの満足感を、天にとどけようということ。

□

3 俳句

基本問題①

得点

／100点

学習日

／ 日

確認

★ **次の俳句を読んで、俳句の形式について□にあてはまる言葉を書きなさい。**（各3点×2＝6点）

「初句」うつくしや 「二句」障子《しやうじ》の穴の 「結句」天の川

小林一茶《こばやしいっさ》

(1) 初句に「や」という**切れ字**が用いられ、作者の感動がこめられている。ここで意味が切れているので、この句は［　　句］［切れ］である。

(2) **季語**は「［　　　］」で、季節は秋である。

！《俳句の基本知識》

①俳句は五・七・五の三句十七音からなる定型詩です。
②原則として、句の中に季語（季節を表す言葉）を詠《よ》みこみます。
③意味の切れ目に用いられる言葉「や・かな・けり」などを「切れ字」といいます。
④意味の切れ目を「句切れ」といい、「初句切れ・二句切れ・句切れなし・中間切れ」などがあります。

1 **次の俳句を読んで、俳句の形式と表現技法について□にあてはまる言葉を書きなさい。**（各4点×6＝24点）

啄木鳥《きつつき》や落葉《おちば》を急ぐ牧の木々

水原秋櫻子《みずはらしゅうおうし》

この句を俳句の形式に従って三つの句に分けてみると、「啄木鳥《きつつき》や／落葉《おちば》を急ぐ／牧の木々」となる。

(1) 「啄木鳥や」の「や」は［　　字］で、意味の切れ目となっている。したがって、この句は［　　句切れ］である。

(2) 「啄木鳥」は、この句の［　　］で、季節は［　］を表す。

(3) 句末が「［　　］」という体言（名詞）で終わっているので、この句には［　　止め］という表現技法が使われている。

2 次の俳句を読んで、俳句の形式について□にあてはまる言葉を書きなさい。{ }の中は正しいものを一つ選んで○をつけなさい。（各5点×8＝40点）

赤い椿《つばき》白い椿と落ちにけり

河東碧梧桐《かわひがしへきごとう》

(1) この俳句を俳句の形式にしたがって三つの句に分け、音数をみてみると、

あかいつばき（六音）／しろいつばきと（七音）／おちにけり（五音）

というように、□・七・五の十八音からなっている。

このように、俳句の定型の□・□・□より音数の多いものを「**字余り**」という。反対に少ないものを「**字足らず**」という。

(2) この俳句の季語は「□」で、季節は□を表す。

(3) 「□」は、切れ字である。切れ字が結句についているので、この句は{（　）初句切れ　（　）二句切れ　（　）句切れなし}である。

3 次の俳句を読んで、俳句の形式について□にあてはまる言葉を書きなさい。{ }の中は正しいものを一つ選んで○をつけなさい。（各5点×6＝30点）

A 万緑《ばんりょく》の中や吾子《あこ》の歯生え初《そ》むる　中村草田男《なかむらくさたお》

B 咳《せき》をしてもひとり　尾崎放哉《おざきほうさい》

(1) Aの俳句の季語は「□」。見渡《みわた》す限り緑色であるという意味で、季節は□を表す。

(2) Aの俳句では、切れ字「□」が、二句（「中や吾子《あこ》の歯」）の中間にあるので、{（　）初句切れ　（　）句切れなし　（　）二句切れ　（　）中間切れ}という。

(3) Bの俳句のように五・七・五の定型や季語にとらわれず、自由に詠《よ》んだ俳句を「**自由律俳句**《じゆうりつはいく》」という。一般《いっぱん》に、「□」は冬を表す季語だが、このような□□俳句では、冬を表す季語ととらえなくてもよい。

3 俳句

基本問題②

得点
／100点

学習日
日

1 次のそれぞれの俳句を読んで、あとの問いに答えなさい。

A　いくたびも雪の深さを尋《たづ》ねけり　正岡子規《まさおかしき》
（病床《びょうしょう》にある自分には外の雪を見ることができない。どのくらい積もったのか家人に何度も雪の様子を尋《たず》ねるのである。）

B　をりとりてはらりとおもきすすきかな　飯田蛇笏《いいだだこつ》
（ふと道端《みちばた》ですすきを折ってみると、軽そうだと思っていたのに、はらりと手にしっかりとした重みを持っていたことだ。）

C　分け入つても分け入つても青い山　種田山頭火《たねださんとうか》
（迷いながら奥《おく》深く分け入ったが、どこまで行っても青い山ばかりだ。）

(1) A・Bの俳句の季語と季節をそれぞれ答えなさい。（各4点×4＝16点）

A　季語　　季節

B　季語　　季節

(2) Aの俳句から切れ字を書き抜《ぬ》きなさい。（4点）

(3) Aの句で、病床《びょうしょう》の作者の雪を見られないもどかしさが最も表れた言葉を俳句の中から書き抜きなさい。（5点）

(4) Bの俳句について、次のそれぞれの問いに答えなさい。

① 作者がなにげなく手に取ったものは何ですか。俳句の中から書き抜きなさい。（5点）

② 手に取ったものの存在の重さに気づいたことを擬態語《ぎたいご》（動作や様子を表す言葉）を用いて表現しています。その擬態語を書き抜きなさい。（5点）

(5) Cのように定型や季語にとらわれない俳句のことを何といいますか。漢字五字で答えなさい。（5点）

2 次の俳句と鑑賞文《かんしょうぶん》を読んで、下の問いに答えなさい。

どの子にも涼《すず》しく風の吹《ふ》く日かな　飯田龍太《いいだりゅうた》

この句には、「どの子」とは誰《だれ》なのか、風の吹いている場所はどこなのか、現在のことなのか、過去のことなのか、時間は午前なのか午後なのか、そのような説明が何も書かれていない。わかっているのは、季節が［A］であること、子供が複数いること、その子たちに涼しい風が分け隔《へだ》てなく吹いているということだけである。

俳句が散文や報道記事などと違《ちが》うのは、省略されている部分を、読む人の自由な解釈《かいしゃく》で補って鑑賞《かんしょう》できるというところである。この句を読んで、「［B］」とは自分のことだ、と思う人もあるだろうし、校庭の木陰《こかげ》でクラスメイトとくつろいでいるときのことだと思う人もあるだろう。幼児の頃《ころ》、海辺で遊んだ体験を思い出す人もあるだろう。

そんな想像をかきたてる個々別々の言葉を一つにつないでいるのが、五・七・五という「定型」と、「涼し」という夏を表す言葉、すなわち「［C］」である。詳《くわ》しい説明を省略する俳句には、一句の柱となる言葉に「［C］」を用い、それを五・七・五という「定型」で表現するという基本的な約束がある。この約束を「有季定型」といい、俳句という韻文《いんぶん》を支える大きな力となっている。「涼し」が［A］の季語であることを知るには「歳時記」を繰《く》ればよい。

（平成28年度版　光村図書3年66ページ　宇多喜代子「俳句の可能性」）

(1)「どの子にも」の俳句の中から切れ字を書き抜《ぬ》きなさい。（10点）

(2)［A］に共通して入る言葉を漢字一字で答えなさい。（10点）

(3)［B］に入る言葉を俳句の中から五字で書き抜きなさい。（10点）

(4)［C］に共通して入る二字の言葉を文章中から書き抜きなさい。（10点）

(5) 筆者が述べている内容として最も適切なものを次から選び、記号で答えなさい。（20点）

ア 俳句は五・七・五という「定型」から外れてはいけない。
イ 俳句に表現されていない部分は読む人が自由に解釈《かいしゃく》できる。
ウ 俳句の「季語」は読む人の想像をかき立てる語である。
エ 俳句には場所と時間を表す言葉が必要である。

たしかめよう

完成問題①

1 次の俳句と鑑賞文《かんしょうぶん》を読んで、あとの問いに答えなさい。

花火上がるはじめの音は静かなり　星野立子《ほしのたつこ》

（平成12年度静岡県入試問題改題）

　花火と言われると、多くの人は、打ち上げられて空に開いた様子や大きな破裂音《はれつおん》を思い浮《う》かべるでしょう。しかし、作者は、私たちがなにげなく聞き流している「　　」に注目しました。言われてみれば、花火は打ち上げのとき、確かに独特の低い音がします。お祭りの雑踏《ざっとう》の中で、やっと聞き取れるほどの低い発射音。作者は、その音の静かさだけを取り上げることによって、その後、大空に展開される花火の色や音、人々の姿などを、俳句の背後に広がるものとして、読者にごく自然に想像させ、楽しませてくれているのです。

(1) この俳句は、何句切れですか。漢字で答えなさい。（5点）

〔　　句切れ〕

(2) この俳句の季語を抜《ぬ》き出して書きなさい。（5点）

(3) 次のア～エの俳句の中で、詠《よ》み込《こ》まれている季語から感じられる季節感が、上の俳句の季語から感じられる季節感に最も近いものはどれですか。一つ選び、記号で答えなさい。（10点）

ア　あたたかくたんぽぽの花茎《くき》の上
イ　しら藤《ふじ》の見ゆる八十八夜かな
ウ　大蛍《おおぼたる》ゆらりゆらりと通《とお》りけり
エ　旅人の蜜柑《みかん》くひ行く枯野《かれの》かな

(4) 鑑賞文中の　　に入る語句を、俳句の中から抜き出して書きなさい。（10点）

(5) この俳句で、作者が直接言葉には表さずに読者に想像させている情景を、――線部を参考にして、三十字以上、四十字以内で書きなさい。（20点）

2 次の詩を読んで、下の問いに答えなさい。

（平成13年度沖縄県入試問題改題）

くらし

食《く》わずには生きてゆけない。
メシを
野菜を
肉を
空気を
光を
水を
親を
きょうだいを
師を
金もこころも
□生きてこれなかった。
ふくれた腹をかかえ
口をぬぐえば
台所に散らばっている
にんじんのしっぽ
鳥の骨
父のはらわた
四十の日暮れ
私の目にはじめてあふれる獣《けもの》の涙《なみだ》。

（石垣りん「くらし」・『表札など』より）

(1) この詩の種類を、次の□に適切な言葉を入れて答えなさい。（10点）

(2) 最後の五行には共通する表現技法が用いられています。その表現技法を次から一つ選び、記号で答えなさい。（10点）

ア 倒置法《とうちほう》　イ 体言止め
ウ 反復法　エ 擬人法《ぎじんほう》

(3) □の中に入る五字の言葉を、詩の中から書き抜《ぬ》きなさい。（10点）

(4) この詩で作者の心情（気持ち）の高まりが、最も具体的に表されている一行を探し、そのまま書き抜きなさい。（10点）

(5) この詩の説明として適切なものを次から一つ選び、記号で答えなさい。（10点）

ア 不快な現実を避《さ》けて、自分の幸福な人生を追い求めている。
イ 周りのものや人を犠牲《ぎせい》にして生きている自分を見つめている。
ウ 生活力がなくて、家族に貧乏《びんぼう》をさせている自分を悲しんでいる。
エ つらく苦しいことばかりなので、自分の人生を嘆《なげ》いている。

たしかめよう

完成問題②

得点　／100点

学習日　／　日

次の詩を読んで、下の問いに答えなさい。

生命《いのち》は

吉野《よしの》 弘《ひろし》

生命は
自分自身だけでは完結できないように
つくられているらしい
花も
めしべとおしべが揃《そろ》っているだけでは
不充分《ふじゅうぶん》で
虫や風が訪《おとず》れて
めしべとおしべを仲立ちする
生命は
その中に欠如《けつじょ》を抱《いだ》き
それを他者から満たしてもらうのだ

一連

世界は多分
他者の総和
しかし
互《たが》いに
欠如を満たすなどとは

（平成13年度岩手県入試問題改題）

(1) この詩の種類を何といいますか。漢字五字で書きなさい。（20点）

□□□□□

(2) 次のア～エのうち、この詩の表現上の特徴《とくちょう》を述べたものはどれですか。一つ選び、記号で答えなさい。（20点）

ア　言いきりの表現により、読者に一方的に自分の思いを伝え、作品全体に強い説得力を持たせている。

イ　文語的な表現を多く用いて、読者を現実から遠く離《はな》れた、情《じょう》趣《しゅ》あふれる古典の世界へと導いている。

ウ　定型の力強いリズムにより、読者の感覚をここちよく刺激《しげき》して、記憶《きおく》に残るように工夫されている。

エ　疑問や推量の表現を用いて、読者が自分のこととして考えられるように、ふくらみを持たせている。

□

(3) ――線部「誰《だれ》かのための虻《あぶ》」とありますが、「虻」はどのような存在としてとらえられていますか。次の□にあてはまるように、この詩の第一連から三字でそのまま書き抜《ぬ》きなさい。（20点）

〔□□□〕する存在

知りもせず
知らされもせず
ばらまかれている者同士
無関心でいられる間柄《あいだがら》
ときに
うとましく思うことさえも許されている間柄
そのように
世界がゆるやかに構成されているのは
なぜ？

二連

花が咲《さ》いている
すぐ近くまで
虻《あぶ》の姿をした他者が
光をまとって飛んできている

三連

私《わたし》も　あるとき
誰《だれ》かのための虻だったろう

四連

あなたも　あるとき
私のための風だったかもしれない

五連

（吉野弘「生命は」・『新選吉野弘詩集』より）

(4) 第四連と第五連に用いられている表現技法を次から一つ選び、記号で答えなさい。（20点）

ア　擬人法《ぎじんほう》　イ　反復法
ウ　対句法《ついくほう》　エ　倒置法《とうちほう》

(5) この詩について述べた、次のAさんからDさんまでの発言で、詩の内容に最もよく合っているものはどれですか。一つ選び、ア～エの記号で答えなさい。（20点）

ア（Aさん）豊かな個性をもった人間は、ほかの生き物とは違《ちが》った特別な存在のはずだわ。

イ（Bさん）人間を風や虻などにたとえて表現しているのは、的外れのように思われるな。

ウ（Cさん）人間は、いろいろなものに支えられながら生きているっていうのは確かだね。

エ（Dさん）私たち人間は、どうしても他人に無関心でいることができない生き物なのよ。

書いてみよう

この詩を読んで、どんなことを考えたかな。また、どんな言葉に心を動かされたかな。七十字程度で書いてみよう。

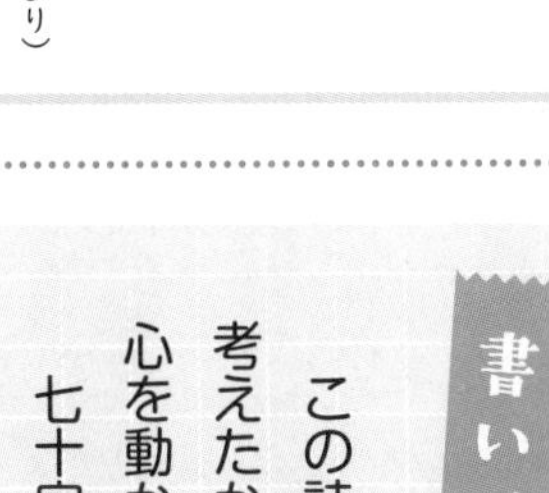

1 歴史的仮名遣い

基本問題①

得点
／100点

学習日
／ 日

確認

★次の歴史的仮名遣《かなづか》いを現代仮名遣いに直して書きなさい。（各4点×4＝16点）

① あはれ → あ□れ

② にほひ → に□□

③ ゑほん → □ほん

④ をかし → □かし

《歴史的仮名遣いを現代仮名遣いに直す方法》

・語頭と助詞以外の「は・ひ・ふ・へ・ほ」は、「わ・い・う・え・お」に直す。

例 おもふ（思ふ）→ おもう

・「ゐ・ゑ・を」は、「い・え・お」に直す。（助詞の「を」はそのままにし、直さない。）

例 まゐる（参る）→ まいる

このほかの方法もあとの問題でしっかり理解しましょう。

1 確認 の方法にならって、次の古語を現代仮名遣いで書きなさい。（各4点×8＝32点）

① かはら（川原）→ か□ら

② つかひ（使ひ）→ □□□

③ いふ（言ふ）→ □□

④ かへす（返す）→ □□□

⑤ こほり（氷）→ □□□

⑥ ゐのしし → □□□□

⑦ ゑちご（越後）→ □□□

⑧ かをる（薫る）→ □□□

2 次の例にならって、あとの古語を現代仮名遣《かなづか》いで書きなさい。（各4点×2＝8点）

歴史的仮名遣いの「ぢ・づ」は、現代仮名遣いでは「じ・ず」に直すことが多い。 例 あぢ（味）→あじ

① いぢ（意地）→

② いづみ（泉）→

3 次の例にならって、あとの古語を現代仮名遣いで書きなさい。（各4点×2＝8点）

「くわ・ぐわ」は、「か・が」に直す。 例 くわし（菓子）→かし、ぐわんりき（願力）→がんりき

① くわいせき（会席）→

② ぐわいぶん（外聞）→

4 次の例にならって、あとの古語を現代仮名遣いで書きなさい。（4点）

「つ・や・よ」などを促音《そくおん》や拗音《ようおん》で読む場合は、小さい「っ・ゃ・ょ」に直す。 例 あつぱれ→あっぱれ

いつとき（一時）→

5 次の例にならって、あとの古語を現代仮名遣いで書きなさい。（各6点×4＝24点）

母音が連続してのばす音を表す場合は、次のように直す。
・[au]→[ô]（「オー」と読む。）
・[iu]→[yû]（「ユー」と読む。）
・[eu]→[yô]（「ヨー」と読む。）

例 やうす（様子）「yausu」→ようす「yôsu」
うつくしう「utukusiu」→うつくしゅう「utukusyû」
せうしん（小身）「seusin」→しょうしん「syôsin」

① かうべ（首）→

② しうか（秀歌）→

③ えうがい（要害）→

④ ざうり（草履）→

6 次の例にならって、あとの古語を現代仮名遣いで書きなさい。（各4点×2＝8点）

「らむ・けむ・なむ」などの「む」は、「ん」に直す。 例 いかならむ→いかならん

① 散るらむ→

② 参りなむ→

1 歴史的仮名遣い

基本問題②

得点
／100点

学習日
／ 日

1 次の――線部を現代仮名《かな》遣《づか》いに直し、すべて平仮名で書きなさい。（各5点×20＝100点）

1

春はあけぼの《あけぼの（がよい）。》。①やうやう《だんだん》白くなりゆく②山《やま》ぎは《山のりょう線が、》は、少し明かりて、紫《むらさき》だちたる《紫がかった》雲《雲が》の細くたなびきたる《たなびいている（のがよい）。》。

（清少納言「枕草子」第一段より）

① やうやう →

② 山《やま》ぎは →

2

月日は百代《はくたい》《永遠の》の①過客《くわかく》《旅人》にして、②行《ゆ》きかふ《過ぎ去ってはやって来る》年もまた旅人なり。

（松尾芭蕉「おくのほそ道」より）

① 過客《くわかく》 →

② 行《ゆ》きかふ →

※「かふ」は「かう」となる。さらに「かう（kau）」は長くのばす音の直し方によって「こう」となる。

3

三代の①栄耀《ええう》②一睡《いつすい》のうちにして、大門《だいもん》の跡《あと》は一里こなたにあり。秀衡《ひでひら》が跡は田野《でんや》になりて、金鶏山《きんけいざん》のみ形を残す。③まづ、高《たか》館《だち》に登れば、④北上川《きたかみがは》南部より流るる大河なり。

《現代語訳》

藤原《ふじわら》氏三代の栄華《えいが》は一眠《ねむ》りの夢のようにはかなく消えて、平泉《ひらいずみ》の表門の跡は一里ほど手前にある。秀衡の館《やかた》の跡は田や野原になって、（秀衡が築いたといわれる）金鶏山だけが形を残している。まず、高館に登ると、北上川は南部地方から流れてくる大河である。

（松尾芭蕉「おくのほそ道」より）

① 栄耀《ええう》 →

② 一睡《いつすい》 →

※「つ・や・よ」などを促音《そくおん》や拗音《ようおん》で読む場合は、現代仮名遣いでは小さい「っ・ゃ・ょ」に直す。

③ まづ →

④ 北上川《きたかみがは》 →

4

山形《やまがた》領に立石寺《りふしやくじ》といふ①山寺《やまでら》あり。慈覚大師《じかくだいし》の開基にして、ことに清閑《せいかん》の地なり。一見すべきよし、人々の勧《すす》むるによりて、尾花沢《をばねざは》より②とつて返《かへ》し、その間《あひ》七里ばかりなり。
日いまだ暮れず。麓《ふもと》の坊《ばう》に宿借り置きて、山上の堂に登る。岩に③巌《いはほ》を重ねて山とし、松柏年《しようはくとし》ふり、土石老いて苔滑《こけなめ》らかに、岩上《がんしやう》の院々扉《とびら》を④閉《と》ぢて物の音聞こえず。岸を巡《めぐ》り岩を⑤這《は》ひて、仏閣を拝し、佳景《かけい》⑥寂寞《じやくまく》として心澄《す》みゆくのみおぼゆ。

開基にして：創建した寺院で
一見すべきよし：一度見ておいたほうがよいと
巌：巨岩
年ふり：年数を経て
佳景寂寞として：美しい景色がひっそり静まり

（松尾芭蕉「おくのほそ道」より）

① いふ →
② とつて返《かへ》し →
③ 巌《いはほ》 →
④ 閉《と》ぢて →
⑤ 這《は》ひて →
⑥ 寂寞《じやくまく》 →

5

①なほ行き行きて、武蔵《むさし》の国と下総《しもつふさ》の国とのなかに、いと大きなる河あり。それをすみだ河といふ。その河のほとりに群れ居て、「②思《おも》ひやれば、限りなく、遠くも来にけるかな。」と、③わびあへるに、渡守《わたしもり》、「はや舟に乗れ。日も暮れぬ。」と言ふに、乗りて④渡《わた》らむとするに、皆人ものわびしくて、京に思ふ人なきにしもあらず。⑤さるをりしも、白き鳥の嘴《はし》と脚《あし》と赤き、鴫《しぎ》の大きさなる、水の上に遊びつつ⑥魚《いを》を食ふ。京には見えぬ鳥なれば、皆人見知らず。

なほ：さらに
いと：大変
群れ居て：集まって腰をおろし
わびあへるに：なげき合っていると
渡らむ：渡ろう
なきにしもあらず：いないわけでもない
さるをりしも：ちょうどそのとき

（「伊勢物語」第九段より）

① なほ →
② 思《おも》ひやれば →
③ わびあへる →
④ 渡《わた》らむ →
⑤ さるをりしも →
⑥ 魚《いを》 →

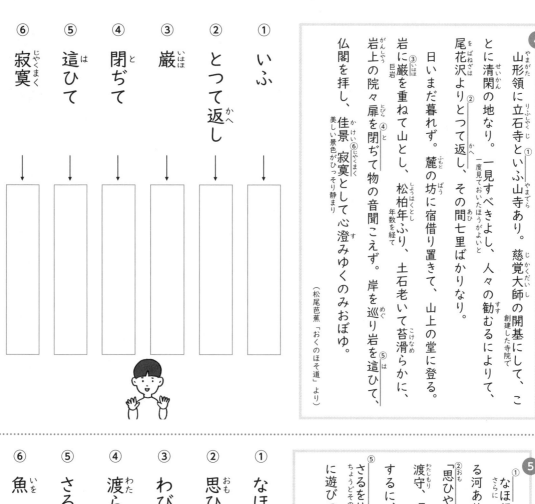

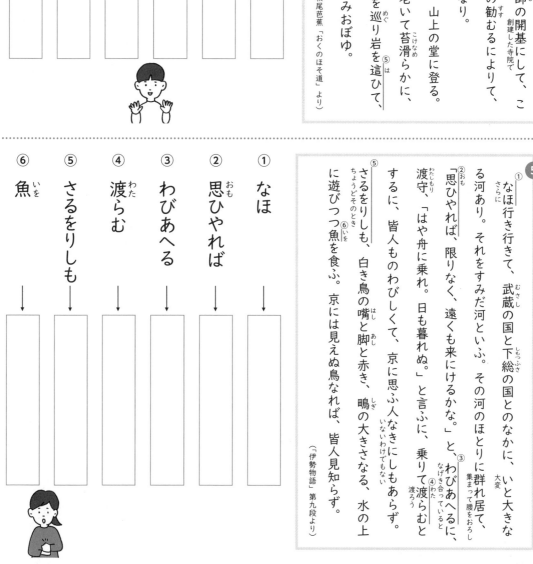

② 古文の読解

基本問題①

得点　　／100点

学習日　　／　　日

確認

★「おくのほそ道」の冒頭《ぼうとう》部分とその現代語訳を読み、その内容について、□にあてはまる言葉を文章中から書き抜《ぬ》きなさい。
（各6点×7＝42点）

月日は百代《はくたい》の過客《くわかく》にして、行《ゆ》きかふ年もまた旅人なり。舟《ふね》の上に生涯《しやうがい》を浮《う》かべ、馬の口とらへて老いを迎《むか》ふる者は、日々旅にして旅をすみかとす。

《現代語訳》
月日は永遠の旅人であり、過ぎ去っては新しくやって来る年もまた旅人である。一生を舟の上で送る船頭や、馬のくつわを取って老いを迎える馬子《まご》などは、日々が旅であって、旅を自分のすみかとしている。

（松尾芭蕉「おくのほそ道」より）

古語の意味

現代語訳と照らし合わせて古語の意味を確認すると、「百代《はくたい》」は□□、「過客《くわかく》」は□□という意味である。

古文特有の表現

「舟の上に生涯《しやうがい》を浮《う》かべ」は、現代語訳では、一生を□□□で送ることで、船頭を指す。「馬の口とらへて老いを迎《むか》ふる者」とは、□□□□□を取って老いてゆく人のことで、□□を指す。

表現技法

古文の一文目の「月日」と「□」、二文目の「□□□□□□□□□□」と「馬の口とらへて老いを迎ふる」とは、対照的な構成になっていることから、**対句法《ついくほう》**（似た組み立ての語句を並べる方法）が用いられている。

！ 古語の意味や古文特有の表現などをおさえましょう。

次の文章を読んで、あとの問いに答えなさい。

（略）①予もいづれの年よりか、片雲《へんうん》の風にさそはれて、漂泊《へうはく》の思ひやまず、海浜《かいひん》にさすらへて、去年《こぞ》の秋、江上《かうしやう》の破屋《はをく》に蜘蛛《くも》の古巣をはらひて、やや年も暮れ、②春立てる霞《かすみ》の空に白河《しらかは》の関越《こ》えむと、そぞろ神の物につきて心をくるはせ、道祖神《だうそじん》の招きにあひて、取るもの手につかず、股引《ももひき》の破れをつづり、笠《かさ》の緒《を》付けかへて、三里に灸《きう》すゆるより、松島《まつしま》の月まづ心にかかりて、③住めるかたは人に譲《ゆづ》りて、杉風《さんぷう》が別墅《べつしよ》に移るに、

草の戸も住み替《か》はる代ぞ雛《ひな》の家

面《おも》八句を庵《あん》の柱に懸《か》け置く。

（松尾芭蕉「おくのほそ道」より）

(1) ――線①を説明した次の文の□に、あとの□からあてはまる言葉を選んで書きなさい。（各5点×2＝10点）

「予」は□という意味で、芭蕉《ばしょう》のことをさす。
「漂泊《へうはく》の思ひやまず」とは、□に出たい気持ちがやまないということである。

旅　あなた　わたし　海

(2) ――線②について、次の文の□に、あてはまる言葉を古文中から書き抜《ぬ》きなさい。（各6点×3＝18点）

「立てる」は『□』が立つ」と『□』が立つ」との両方の意味を掛《か》けた表現で、掛詞《かけことば》（一つの言葉に二つ以上の意味をもたせる技法）である。立春ともなると、□を越《こ》えたいという思いで落ち着かないのである。

(3) ――線③は、「芭蕉庵《ばしょうあん》を人に譲《ゆず》り杉風《さんぷう》の別荘《べっそう》に移った」ということですが、その前に芭蕉がしたことを次からすべて選び、記号で答えなさい。（完答12点）

ア　股引《ももひき》の破れを繕《つくろ》った。
イ　笠《かさ》のひもを付けかえた。
ウ　道祖神《どうそじん》を招いた。
エ　足の三里に灸《きゅう》をすえた。

□

(4) 「草の戸も」の俳句を説明した次の文の□に、あとの□からあてはまる言葉を選んで書きなさい。（各6点×3＝18点）

この句の季語は「雛《ひな》」で、季節は□を表す。芭蕉は、かつての□住まいが、雛人形を飾《かざ》る□雰囲気《ふんいき》になったことに感動しているのである。

わびしい　華《はな》やかな　春　夏

2 古文の読解

基本問題②

得点　／100点

学習日　／　日

1 次の文章を読んで、下の問いに答えなさい。

①かねて耳驚《おどろ》かしたる二堂開帳《かいちやう》す。経堂《きやうだう》は三将の像を残し、光堂《ひかりだう》は三代の棺《ひつぎ》を納め、三尊《さんぞん》の仏を安置す。七宝《しつぽう》散り失《う》せて、②玉《ぎよく》の扉《とびら》風に破れ、金《こがね》の柱霜雪《さうせつ》に朽《く》ちて、③既《すで》に頽廃空虚《たいはいくうきよ》の草むらとなるべきを、四面新たに囲みて、甍《いらか》を覆《おほ》ひて風雨を凌《しの》ぎ、しばらく千歳《せんざい》の記念《かたみ》とはなれり。

五月雨《さみだれ》の降り残してや光堂

《現代語訳》

以前から話に聞いて驚《おどろ》いていた二堂である中尊寺《ちゅうそんじ》の経堂《きょうどう》と光堂《ひかりどう》が公開される。経堂は藤原清衡《ふじわらのきよひら》・基衡《もとひら》・秀衡《ひでひら》の三将の像を残していて、光堂は藤原三代の柩《ひつぎ》を納め、阿弥陀如来《あみだにょらい》・観《かん》世音菩薩《ぜおんぼさつ》・勢至菩薩《せいしぼさつ》を安置している。七種の宝が散り失せ、珠玉《しゅぎょく》を散りばめた扉は風に破れ、金の柱は霜《しも》や雪に朽ちて、とっくに崩《くず》れ落ちて、なくなってしまっているはずが、補修されて四面を囲んで、屋根を覆《おお》って風雨をしのぎ、しばらくの間は千年の昔の記念を残すことになったのである。

（松尾芭蕉「おくのほそ道」より）

(1) ――線①の「二堂」とは何と何のことですか。古文中から書き抜《ぬ》きなさい。（各5点×2＝10点）

〔　　〕・〔　　〕

(2) ――線②「玉《ぎょく》の扉《とびら》風に破れ」と対句《ついく》になっている表現を、古文中から九字で書き抜きなさい。（15点）

(3) ――線③「既《すで》に頽廃空虚《たいはいくうきょ》の草むらとなるべきを」の意味を現代語訳の中から探し、初めと終わりの四字（句読点は含《ふく》まない）を書き抜きなさい。（完答10点）

□□□□～□□□□

(4) 「五月雨《さみだれ》の」の句について説明した次の文の□にあてはまる言葉を書きなさい。（各5点×3＝15点）

〔この句の季語は□で、季節は□である。五月雨もこの□だけは降り残したのか、長い年月を経ても美しく輝《かがや》いているよ、という意味である。〕

2 次の文章を読んで、下の問いに答えなさい。

①*うつくしきもの。瓜《うり》にかきたる*ちごの顔。すずめの子の、*ねず鳴きするに躍《をど》り来る。二つ三つばかりなるちごの、急ぎてはひ来る道に、②いと小さきちりのありけるを*目ざとに見つけて、いと*をかしげなる*およびにとらへて、大人などに見せたる、いとうつくし。頭《かしら》は*尼《あま》そぎなるちごの、目に髪《かみ》の覆《おほ》へるを*かきはやらで、*うちかたぶきて③物など見たるも、うつくし。

*うつくしきもの…かわいらしいもの。
*ちご…幼児。
*ねず鳴き…ねずみがチュッ、チュッと鳴く声のまね。
*目ざとに…目ざとく。
*をかしげなる…かわいらしい。
*およびにとらへて…指でつまんで。
*尼そぎ…肩《かた》の辺りで切りそろえた髪。
*かきはやらで…手で払《はら》いのけたりしないで。
*うちかたぶきて…首をかしげて。

(清少納言「枕草子」第百五十一段より)

(1) ——線①「うつくしきもの」として、作者は初めに小さくてかわいらしいものを二つあげています。それを次から選び、記号で答えなさい。(各5点×2＝10点)

ア 瓜《うり》に似ている幼児の顔。
イ 「チュッ、チュッ」と言うと、おどるように寄ってくるすずめの子。
ウ 巣の中で餌《えさ》をねだるすずめのひな。
エ 瓜にかいた幼児の顔。

□・□

(2) ——線②「いと」の意味を次から一つ選び、記号で答えなさい。(10点)

ア 糸　イ とても
ウ いとしい　エ けっして

□

(3) ——線③「物など見たる」とありますが、誰《だれ》がどういう様子で見るのですか。次の文の□にあてはまる言葉を、古文中から書き抜きなさい。(各5点×4＝20点)

□というおかっぱ頭の幼児が□の辺りの□を払《はら》いのけないで首をかしげて□を見る様子。

(4) この文章の特色としてあてはまらないものを次から一つ選び、記号で答えなさい。(10点)

ア 一文が短く簡潔で、歯切れのよいリズムがある。
イ 体言止めを用いて余韻《よいん》をひびかせている文がある。
ウ 省略された表現が多く、内容を推測する必要がある。
エ 身近なものへの鋭《するど》い観察眼が感じられる。

□

3 和歌の鑑賞

基本問題①

得点 ／100点

学習日 ／ 日

確認

★ **万葉集《まんようしゅう》に収められた次の和歌を読んで、形式や表現についてあとの□にあてはまる言葉を書きなさい。**（各8点×5＝40点）

A 「初句」「二句」「三句」「四句」「五句」
春過ぎて 夏来《きた》るらし 白妙《しろたへ》の 衣干したり 天《あめ》の香具山《かぐやま》　持統《ぢとう》天皇
（春が過ぎて夏がやってきたらしい。白い衣が干してあるよ。あの天の香具山に。）

B 韓衣裾《からころむすそ》に取りつき泣く子らを置きてそ来《き》ぬや母《おも》なしにして　＊防人歌《さきもりのうた》
（衣の裾に取りすがって泣く子らを置いてきてしまった。母親もいないままで。）

＊防人…主に東国地方から徴集《ちょうしゅう》されて、九州地方の守備にあたった兵士。

句切れと調べ

歌の意味の切れ目を「句切れ」といい、**初句切れ・二句切れ・三句切れ・四句切れ・句切れなし**、がある。Aは「春過ぎて夏来《きた》るらし」と二句目で切れ、さらに「白妙《しろたへ》の 衣《ころも》干したり」と□目でも切れている。このような五・七音の繰《く》り返しのリズムを**五七調**という。

表現技法

(1) Aの結句は「□」と体言（名詞）で終わっているので、□が用いられている。

(2) Bの歌を普通《ふつう》の語順にすると、「母《おも》なしにして／置きてそ来《き》ぬや」となる。語順を逆にする□を用いることで、子供を置いてきてしまった悲痛な思いが強調されている。

(3) 特定の語に付いて歌の調子を整えるなどする言葉を**枕詞《まくらことば》**という。Bの「韓衣《からころむ》」は、「裾《すそ》・着る」などにかかる□である。

！ **《三大和歌集とその特色》**

歌集名	成立年代	特色
万葉集	奈良《なら》時代	二句切れ・四句切れの五七調が多い。素朴《そぼく》で力強い。
古今《こきん》和歌集	平安《へいあん》時代	理知的・技巧《ぎこう》的な歌が多い。
新古今《しんこきん》和歌集	鎌倉《かまくら》時代	三句切れの七五調が多い。技巧に優《すぐ》れ、華麗《かれい》で幻想的《げんそうてき》。

1 古今《こきん》和歌集に収められた次の和歌を読んで、あとの□にあてはまる言葉を書きなさい。(各5点×3＝15点)

人はいさ心も知らずふるさとは花ぞ昔の香《か》ににほひける
紀貫之《きのつらゆき》

（人の心というのは、さあ、昔と変わったかどうかわからない。しかし、ふるさとの梅の花は昔のままの香りでにおっている。）

(1) 紀貫之《きのつらゆき》は古今和歌集の編者の一人である。この歌は「心も知らず」でいったん切れるので、□切れの歌である。

(2) 和歌で「花」といえば桜を指すことが多いが、ここでは、香りの高い□の花を指す。

(3) 「ぞ・なむ・や・か・こそ」などの言葉（「係りの助詞」という）を受けて、結びの言葉の活用形が決まることを**「係り結びの法則」**という。「花ぞ昔の香《か》ににほひける」の部分で、係りの助詞は、「□」であり、「ける」が「結びの語」である。

《係り結びの法則》
「係りの助詞」と結びの語の関係は、次のようになります。
〔係りの助詞〕　〔結びの語の活用形〕
ぞ・なむ・や・か ──→ 連体形
こそ ──→ 已然《いぜん》形
例 「花ぞ……にほひける」
「花こそ……にほひけれ」
※助動詞「けり」の連体形は「ける」、已然形は「けれ」。

2 新古今《しんこきん》和歌集に収められた次の和歌を読んで、あとの□にあてはまる言葉を書きなさい。(各9点×5＝45点)

道の辺《べ》に清水《しみづ》流るる柳《やなぎ》かげしばしとてこそ立ちどまりつれ
西行法師《さいぎょうほうし》

（道のほとりに清水の流れている柳の木陰《こかげ》よ。しばらく休もうと立ち止まったのだが、心地よさについ長居をしてしまった。）

見わたせば花も紅葉《もみぢ》もなかりけり浦《うら》の苫屋《とまや》の秋の夕暮《ゆふぐれ》
藤原定家《ふぢはらのさだいへ》

（遠くから見渡《みわた》すと花が咲《さ》いているのでも、紅葉《もみじ》がきれいというのでもない。海辺に海人《あま》のわびしい家がある秋の夕暮れよ。）

(1) 「道の辺《べ》に」の歌は、三句目の「□」に意味の切れ目があるので、三句切れである。「道の辺に」と歌い始め、「清水《しみづ》流るる　柳《やなぎ》かげ」と、七・五音で区切れるリズムをもつので、**七五調**である。「しばしとてこそ立ちどまりつれ」の「こそ」は意味を強める語で□の法則が用いられている。

(2) 「見わたせば」の歌の句切れは□なので、この歌も□調である。結句の「秋の夕暮《ゆふぐれ》」には□が用いられている。

4 漢文の読み方

基本問題①

得点 ／100点
学習日 ／ 日

確認

★ あとの□にあてはまる言葉を入れて、次の漢文の書き下し文（漢文を日本語に直した文）を完成させなさい。（各4点×5＝20点）

A 大器ハ晩成ス。　B 歳月ハ不《ず》㆑待タ㆑人ヲ。
C 我ハ登ル㆓富士山ニ㆒。

(1) Aは送り仮名《がな》にしたがって、そのまま順に読むので、「□は□す。」となる。

(2) Bはレ点（一字下から上に返って読む）があるので、「歳月《さいげつ》は人を□ず。」となる。

(3) Cは一・二点にはさまれた字を読んで上に返るので、「我は□に□。」となる。

！《漢文の読み方（書き下し文の書き方）》

・漢字の左下についた返り点にしたがう。
レ点…「レ」のついた字の下から一字返って読む。
一・二点…二字以上隔《へだ》てて上に返って読む。
・漢字の右下に、片仮名で記した送り仮名にしたがう。

1 次の漢文を書き下し文にします。(1)～(3)の指示にしたがって、□にあてはまる漢字を漢文中から書き抜《ぬ》きなさい。また、(4)に、完成した書き下し文を書きなさい。（各5点×6＝30点）

＊子曰《いハク》、「己《おのれノ》所ハ㆑不《ざル》㆑欲《ほつセ》、勿《なカレ》㆑施《ほどこスコト》㆓於人ニ㆒。」
（顔淵『論語』より）

（先生がおっしゃるには、「自分のしてほしくないことを他人にしてはならぬ。」と。）＊子…孔子《こうし》のこと。

(1) レ点のついた「所」の前までは上から順に読む。
書き下し文（子□はく、「□の）

(2) 返り点のない「欲」からレ点にしたがって上に返って読む。
書き下し文（□せざる□は、）

(3) 一・二点にしたがって「於人」から「施」に返って読み、レ点があるのでさらに一字返る。（「於」は読まない字である。）
書き下し文（人に□すこと勿《な》かれ。」と。）

(4) **全体の書き下し文**
（　　　　）

2 次の漢文を読んで、あとの問いに答えなさい。（各10点×2＝20点）

A　子曰《しい》はく、「□①思ひて学ばざれば則《すなは》ち殆《あやふ》し。」と。
（先生がおっしゃるには、「書物や先生から学んでも自分で考えないと、知識がはっきりしない。自分の考えだけで、書物や先生から学ばないと、独断に陥《おちい》って危険である。」と。）

B　子曰《ハク》、「②学《ビテ》而不《ざレバ》レ思《ハ》則《チ》罔《くらシ》。思《ヒテ》而不《レバ》レ学《バ》則《チ》殆《シト》。」

（為政『論語』より）

(1) ――線①「思ひて学ばざ《(不)》れば」にあたる部分を、Bから書き抜《ぬ》きなさい。（返り点と送り仮名《がな》を含《ふく》む。）

〔　　　　〕

(2) ――線②の「学而不思則罔。」は「思而不学則殆。」と組み立てが同じです。Aの□に入る――線②の書き下し文を書きなさい。

〔　　　　〕

3 次の漢文を読んで、あとの問いに答えなさい。（各10点×3＝30点）

子曰《いハク》、「①学《ビテ》而時《ニ》習《フ》レ之《これヲ》、②不《ず》ニ亦《また》説《よろこバシカラ》一乎《や》。
有《リ》下朋《とも》自《より》ニ遠方一来《タル》上、③不ニ亦楽《シカラ》一乎。
人不《シテ》レ知《ラ》而不レ慍《うらミ》、④不亦君子《ナラ》乎。」

（学而『論語』より）

※「有朋自遠方来」についた「上・下点」は、「一・二点」のついた部分を挟《はさ》んで、さらに返って読むときにつける符号《ふごう》。「朋《とも》遠方より来たる有り」と読む。

(1) ――線①を書き下し文にするとき、書き下し文には書かない字が一字あります。その一字を書き抜きなさい。

□

(2) ――線②を書き下し文にすると、「また説《よろこ》ばしからずや。」となります。これを参考に――線③を書き下し文に直しなさい。

〔　　　　〕

(3) ――線④は、「また君子ならずや。」と読みます。この読み方を参考に、――線④に返り点をつけなさい。

〔不　亦　君　子《ナラ》　乎。〕

5 漢詩を読む

基本問題①

得点
／100点

学習日
／　日

確認

★次の漢詩を読み、あとの□にあてはまる言葉を書いて、漢詩の形式についてまとめなさい。（各10点×2＝20点）

春《しゅん》暁《げう》

春　眠　不《ず》レ　覚エレ　暁ヲ
処　処　聞ク二　啼　鳥ヲ一
夜　来　風　雨ノ　声
花　落ツルコト　知ル　多　少

孟《まう》浩《かう》然《ねん》

春眠《しゅんみん》　暁《あかつき》を覚えず
処処《しょしょ》　啼鳥《ていてう》を聞《き》く
夜来　風雨の声
花落つること　知る多少

漢詩の形式…この漢詩のように、全体が□行から成る詩を「絶句《ぜっく》」という。また、一行が五言《ごごん》（文字）から成るので、この漢詩は［□言□句］である。

！《漢詩の形式》
- 五言絶句《ごごんぜっく》……一行五言で四句からなる四行詩
- 七言絶句《しちごんぜっく》……一行七言で四句からなる四行詩
- 五言律詩《ごごんりっし》……一行五言で八句からなる八行詩
- 七言律詩《しちごん》……一行七言で八句からなる八行詩

1 次の漢詩を読んで、あとの問いに答えなさい。

黄鶴楼《くわうかくろう》にて孟浩然《まうかうねん》の広陵《くわうりよう》に之《ゆ》くを送る　李白《りはく》〔　〕(A)

故　人　西ノカタ　辞シ二　黄　鶴　楼ヲ一
煙　花　三　月　下ル二　揚　州ニ一
孤　帆ノ　遠　影　碧　空ニ　尽キ
唯ダ　見ル　長　江ノ　天　際ニ　流ルルヲ

①故人西のかた黄鶴楼を辞《じ》し
煙花《えんくわ》三月揚州《やうしう》に下る
孤帆《こはん》の遠影碧空《ゑんえいへきくう》に尽《つ》き
②唯《た》だ見る長江《ちやうかう》の天際に流るるを

(1) この詩の形式を答えなさい。（10点）

［□言□句］

(2) ——線①「故人」とは旧友の意味です。ここでは誰《だれ》のことですか。(A)から名前を漢字で書き抜《ぬ》きなさい。（10点）

〔　　〕

(3) ——線②に用いられている表現技法は、（ア　倒置法《とうちほう》　イ　対句《ついく》法《ほう》）のどちらですか。記号で答えなさい。また、誰が「見る」のかを漢字で答えなさい。（各5点×2＝10点）

表現技法…□　誰…〔　　〕

2 次の漢詩を読んで、下の問いに答えなさい。

春望《しゅんぼう》　杜甫《とほ》

国破レテ山河在リ
城春ニシテ草木深シ
感ジテハレ時ニ花ニモ濺ギレ涙ヲ
恨《うら》ンデハレ別レヲ鳥ニモ驚《おどろ》カスレ心ヲ
烽火連ナリ二三月ニ一
家書抵ル二万金ニ一
白頭搔ケバ更ニ短ク
渾ベテ欲スレ不ざラントレ勝ヘレ簪ニ

国破れて山河在り
城春にして草木深し
時に感じては花にも涙《なみだ》を濺《そそ》ぎ
（　　　　　　　　　　）
烽火三月《ほうくわさんげつ》に連なり
家書万金《ばんきん》に抵《あた》る
白頭搔《か》けば更《さら》に短く
渾《す》べて簪《しん》に勝《た》へざらんと欲《ほっ》す

(1) この漢詩の形式を次から選び、記号で答えなさい。（5点）

ア 五言絶句　イ 五言律詩
ウ 七言絶句　エ 七言律詩

(2) 1・2行目について、次のそれぞれの問いに答えなさい。

① 「国」と対比的な言葉を2行目から書き抜《ぬ》きなさい。（10点）

② 1・2行目から作者のどのような考えがわかりますか。次から一つ選び、記号で答えなさい。（10点）

ア 国が破れても人間はすぐに立ち直るものだ。
イ 自然に比べると人間の営みはかないものだ。
ウ 自然の変化とともに人間も変化するものだ。

(3) □に入る書き下し文を書きなさい。（10点）

(4) この詩について説明した次の文の□にあてはまる言葉を、漢詩の中から書き抜きなさい。（各5点×3＝15点）

作者は、戦乱で□が荒廃《こうはい》してゆく様子を嘆《なげ》き、家族と離《はな》れて□（手紙）も届かない状態で□になって老いてゆく自分にいらだち悲しむ姿を描《えが》いている。

たしかめよう

完成問題①

得点　／100点

学習日　／　日

1 次の文章を読んで、下の問いに答えなさい。

＊三代の栄耀《えいよう》①一睡《いっすい》のうちにして、大門《だいもん》の跡《あと》は一里こなたにあり。秀衡《ひでひら》が跡は田野《でんや》になりて、金鶏山《きんけいざん》のみ形を残す。aまづ、＊高館《たかだち》に登れば、北上川《きたかみがは》＊南部より流るる大河なり。衣川《ころもがは》は、和泉《いづみ》が城《じやう》をめぐりて、高館の下《もと》にて大河に落ち入る。泰衡《やすひら》らが旧跡は、衣《ころも》が関《せき》を隔《へだ》てて南部口をさし固め、夷《えぞ》を防ぐと見えたり。さても＊義臣《ぎしん》bすぐつて②この城に籠《こ》もり、功名一時の草むらとなる。「国破れて山河あり、城春にして草青みたり」と笠《かさ》打ち敷《し》きて、時のうつるまで涙《なみだ》を落としはべりぬ。

夏草や兵《つはもの》どもが夢の跡

卯《う》の花に＊兼房《かねふさ》見ゆる白毛《しらが》かな　＊曾良《そら》

＊三代の栄耀…藤原清衡《ふじわらのきよひら》・基衡《もとひら》・秀衡《ひでひら》の三代の栄華《えいが》。
＊高館…源義経《みなもとのよしつね》のいた館。
＊南部…南部地方。現在の盛岡《もりおか》市付近。
＊義臣すぐつて…義経が信頼《しんらい》する家臣を選んで。
＊兼房…義経の家臣増尾《ましお》十郎権頭《ごんのかみ》兼房。義経とともにうち死にした。
＊曾良…芭蕉《ばしょう》の門人で、「おくのほそ道」の旅に同行した。

（松尾芭蕉「おくのほそ道」より）

(1) ――線a・bを現代仮名遣《かなづか》いに直して、すべて平仮名で書きなさい。（各8点×2＝16点）

a まづ〔　　〕　b すぐつて〔　　〕

(2) ――線①「一睡《いっすい》のうちにして」の意味を次から一つ選び、記号で答えなさい。（8点）

ア わずかの間にできあがって
イ わずかの間にはかなく消え去って
ウ 一瞬《いっしゅん》のうちに見ようとして

(3) ――線②「この城に籠《こ》もり」について次のそれぞれの問いに答えなさい。（各8点×2＝16点）

① 「この城」にあたるものを次から一つ選び、記号で答えなさい。

ア 和泉《いずみ》が城《じょう》　イ 高館《たかだち》
ウ 衣《ころも》が関《せき》　エ 泰衡《やすひら》らが旧跡

② 「この城」にこもった「義臣」の名前を探して書きなさい。

〔　　〕

(4) 「夏草や…」の俳句の内容を具体的に表している一文を文章中から探し、初めの五字を書き抜《ぬ》きなさい。（8点）

2 次の和歌を読んで、下の問いに答えなさい。

A　東《ひむがし》の野に炎《かぎろひ》の立つ見えてかへり見すれば月傾《かたぶ》きぬ
柿本人麻呂《かきのもとのひとまろ》

B　父母が頭《かしら》かき撫《な》で幸《さ》くあれて＊言ひし言葉《けとば》ぜ忘れかねつる
防人歌《さきもりのうた》
＊あれて…あれと

C　瓜食《うりは》めば　子ども思ほゆ　栗《くり》食めば　ましてしぬはゆ
何処《いづく》より　きたりしものそ　まなかひに　もとなかかりて
安眠《やすい》しなさぬ
山上憶良《やまのうへのおくら》

D　反歌《はんか》
銀《しろかね》も金《くがね》も玉も何せむに勝《まさ》れる宝子にしかめやも

E　ひさかたのひかりのどけき春の日にしづ心なく花の散るらむ
紀友則《きのとものり》

F　駒《こま》とめて袖《そで》打ちはらふかげもなし佐野《さの》のわたりの雪の夕暮《ゆふぐれ》
藤原定家《ふぢはらのさだいへ》

(1) Bで、父母が作者に言った言葉を歌の中から書き抜《ぬ》きなさい。（8点）

〔　　　　〕

(2) Dは、Cの歌の内容をまとめたり意味を添《そ》える歌で、反歌《はんか》といいます。「子にしかめやも」の意味を次から一つ選び、記号で答えなさい。（10点）

ア　子どもより宝はありがたいものだ。
イ　子どもに及《およ》ぼうか、いや及びはしない。
ウ　子どもがいると役にたつものだ。

〔　　〕

(3) Fの歌の句切れを答えなさい。（5点）

〔　　〕句切れ

(4) 体言止めの用いられている歌を記号で答えなさい。（5点）

〔　　〕

(5) 次のそれぞれの説明にあてはまる歌を選び、記号で答えなさい。（各8点×3＝24点）

① 月が山の端《は》に近づいている明け方の光景を歌っている。
② 馬に乗った作者と降りしきる雪の光景が絵のようである。
③ 陽気と対照的な情景を描《えが》いて桜が散るのを惜《お》しんでいる。

①〔　　〕
②〔　　〕
③〔　　〕

完成問題②

得点
／100点

学習日
／ 日

1 次の漢詩とその書き下し文を読んで、あとの問いに答えなさい。

（平成12年度徳島県入試問題改題）

*桂林荘雑詠《けいりんそうざつえい》 諸生に示す　*広瀬《ひろせ》淡窓《たんそう》

①休《やメヨ》レ道《いフヲ》他郷多《シト》二苦《く》辛《しん》一　道ふを休めよ他郷苦辛多しと

*同《どう》袍《はう》有《り》レ友自《おのづから》相親《シム》　同袍友有り自ら相親しむ

*柴《さい》扉《ひ》暁《あかつきニ》出《いヅレバ》②霜如雪　柴扉暁に出づれば霜《しも》雪の如《ごと》し

君《ハ》汲《くメ》二川《せん》流《りうヲ》一③我《われハ》拾《ハン》レ薪《たきぎヲ》　君は川流を汲め［　　］

*桂林荘…広瀬淡窓の創設した塾《じゅく》の名。
*広瀬淡窓…江戸時代末期の学者・教育家。（一七八二～一八五六）
*同袍…互いの着物を貸し合うこと。
*柴扉…山野に生える小さい雑木で作ったとびら。

(1) この漢詩の形式を次から一つ選び、記号で答えなさい。（5点）

ア 五言絶句　**イ** 七言絶句
ウ 五言律詩　**エ** 七言律詩

［　　］

(2) ――線①「休《やメヨ》レ道《いフヲ》」の意味としてあてはまるものを次から一つ選び、記号で答えなさい。（5点）

ア 道を踏《ふ》み外すな　**イ** 無理をするな
ウ 休むな　**エ** 言うな

［　　］

(3) ――線②「霜 如 雪」に返り点と送り仮名をつけなさい。（10点）

〔霜 如 雪〕

(4) ――線③「我《われハ》 拾《ハン》レ 薪《たきぎヲ》」を書き下し文に直し、すべて平仮名で書きなさい。（10点）

〔　　　　〕

(5) この詩は、作者が桂林荘《けいりんそう》で学ぶ塾生《じゅくせい》たちに示したものですが、それは何のためですか。次から一つ選び、記号で答えなさい。（10点）

ア 塾生たちをほめるため。
イ 塾生たちを懲《こ》らしめるため。
ウ 塾生たちを励《はげ》ますため。
エ 塾生たちをしかるため。

［　　］

2 次の文章を読んで、あとの問いに答えなさい。

（平成12年度大分県入試問題改題）

ある人の(作者がある人の)草の戸をたづね侍《はべ》りけるに、(訪ねましたところが)①よそに出《いで》けるよしにて、年老いたるをのこひとり留守を守り居《ゐ》けるに、(守っていたが)＊垣《かき》ほの梅盛《さか》りなりけるを、(男が)「②是《これ》なんあるじ(主人である)」と③いひければ、(言ったところ)かのをのこ「隣《となり》の梅にてさうらふ(なのです)」と申すに、いよいよ＊④興うしなひて帰り侍るとて、

留守に来て梅さへよその垣根《かきね》かな　芭蕉《ばせう》

＊垣ほ…垣根。　＊興…おもしろみ。味わい。

（「芭蕉文集」より）

(1) ――線①の意味としてあてはまるものを次から一つ選び、記号で答えなさい。（10点）

ア 外出しようとしているので
イ 外出するのがいいということで
ウ 外出しているということで
エ 外出できるようになったので

□

(2) ――線②はどういう意味ですか。次の□にあてはまる言葉を文章中から書き抜《ぬ》きなさい。（完答10点）

〔この□が□□□のかわりにわたしを迎《むか》えてくれる。〕

(3) ――線③で、言ったのは誰《だれ》ですか。次から一つ選び、記号で答えなさい。（10点）

ア ある人　イ をのこ
ウ あるじ　エ 作者

□

(4) ――線④を現代仮名遣《かなづか》いに直してすべて平仮名で書きなさい。（10点）

〔　　〕

(5) この文には「質素な家」を意味する言葉があります。その語句を文章中から三字で書き抜きなさい。（10点）

□□□

(6) この文章の作者が、江戸《えど》から奥羽《おうう》・北陸《ほくりく》地方を経て大垣《おおがき》に至る旅について書いた紀行文《きこうぶん》の名前を次から選び、記号で答えなさい。（10点）

ア 方丈記《ほうじょうき》　イ おくのほそ道《みち》
ウ 徒然草《つれづれぐさ》　エ 枕草子《まくらのそうし》

□

書いてみよう

あなたは何の花が好き？好きな理由を入れて五十字以内で書いてみよう。

「中学基礎100」アプリ テスト前 5科4択 で，
スキマ時間にもテスト対策！

問題集
アプリ
日常学習
テスト1週間前
『中学基礎がため100%』
シリーズに取り組む！
定期テスト直前！
テスト必出問題を
「4択問題アプリ」で
チェック！

アプリの特長

『中学基礎がため100%』の5教科各単元にそれぞれ対応したコンテンツ！
＊ご購入の問題集に対応したコンテンツのみ使用できます。

テストに出る重要問題を4択問題でサクサク復習！

間違えた問題は「解きなおし」で，何度でもチャレンジ。テストまでに100点にしよう！

＊アプリのダウンロード方法は，本書のカバーそで（表紙を開いたところ），または1ページ目をご参照ください。

中学基礎がため100%
できた！ 中3国語
読解

2021年 2 月　第1版第1刷発行
2024年 6 月　第1版第6刷発行

発行人／志村直人
発行所／株式会社くもん出版
〒141-8488
東京都品川区東五反田2−10−2　東五反田スクエア 11F
☎ 代表　03(6836)0301
編集直通　03(6836)0317
営業直通　03(6836)0305

印刷・製本／共同印刷株式会社

デザイン／佐藤亜沙美（サトウサンカイ）
カバーイラスト／いつか
本文イラスト／加納徳博
本文デザイン／山内道代（京田クリエーション）
編集協力／株式会社エイティエイト

ISBN 978-4-7743-3117-1

CD57514
くもん出版ホームページ　https://www.kumonshuppan.com/
＊本書は『くもんの中学基礎がため100%　中3国語　読解編』を改題し，新しい内容を加えて編集しました。

俳句

春・夏・秋・冬

① 春の句

古池《ふるいけ》や蛙《かわず》飛びこむ水の音　松尾芭蕉《まつおばしょう》

季語 蛙　※かえるのこと。

句意 古池に、かえるが飛びこみ一瞬《いっしゅん》静けさが破られるが、水音が消えたあとは前にもまして静寂《せいじゃく》が感じられる。

鑑賞《かんしょう》 わずかな音が響《ひび》くことによって、辺りの静けさをいっそう引き立たせる。

表現 「や」は切れ字。

すずめの子そこのけそこのけお馬が通る　小林一茶《こばやしいっさ》

季語 すずめの子

句意 すずめの子よ。さあ、そこをどいた、どいた。お馬さんが通るよ。

鑑賞 すずめの子に対する作者の愛情が感じられる。

参考 子供が竹馬遊びをしたときに掛《か》けた声だという説あり。

赤い椿《つばき》白い椿と落ちにけり　河東碧梧桐《かわひがしへきごとう》

季語 椿

句意 赤い椿の花が落ちたと思ったら、すぐ続いて白い椿が落ちた。こうして春が終わっていく。

鑑賞 赤と白の色彩《しきさい》の対照が鮮《あざ》やかである。

表現 初句（赤い椿）が字余り。「けり」は切れ字。

② 夏の句

閑《しづ》かさや岩にしみ入る蟬《せみ》の声　松尾芭蕉《まつおばしょう》

季語 蟬の声

句意 山全体がひっそりとしてなんという静かさであろうか。蟬の鳴き声だけが、岩に深く入りこむように聞こえてくる。

鑑賞 蟬がさかんに鳴くが、それをも包む静けさを描《えが》く。

表現 「や」は切れ字。

五月雨《さみだれ》や大河を前に家二軒《にけん》　与謝蕪村《よさぶそん》

季語 五月雨

句意 降り続く五月雨で水かさの増した大きな河を前にして家が二軒、心細そうに並んでいる。

鑑賞 情景を絵画的に描くことによって心情をも表している。

表現 「や」は切れ字。

目には青葉《あをば》山ほととぎす初がつを　山口素堂《やまぐちそどう》

季語 青葉・山ほととぎす・初がつを

句意 目には青葉の緑、耳には山ほととぎすの鳴き声、口には初がつおが味わえる、けっこうな夏よ。

鑑賞 夏を感じさせるものを視覚、聴覚《ちょうかく》、味覚によって表現。

表現 初句（目には青葉）が字余り。

中学基礎がため100%

できた! 中3国語

読解

別冊

解答と解説

・難しい問題には解説がついています。よく読みましょう。
・例は、自分で言葉を考えて書く問題の解答例です。
同じような意味であれば、解答と全く同じ答えでなくても正解です。
・別解は、( )の中に示してあります。( )の中の答えでも正解です。

KUMON

➡ていねいに引っぱってください。別冊解答になります。

一章 説明文 1 指示語 基本問題①

P.4

確認

★ (1) 卵 (2) セーター

1

(1) メダカ
(2) 洋服
(3) 大きな山
(4) 写真

P.5

2

(1) 小さな駅
(2) お店
(3) 様々な実験
(4) 池
(5) パン屋
(6) 小学校

3

(1) 北海道
(2) 草の上
(3) 鈴木さん
(4) 遊歩道
(5) カリフォルニア

一章 説明文 1 指示語 基本問題②

P.6

1

(1) 近所 おじいさん
(2) 人 高波
(3) プレゼント クリスマス

2

(1) 情報がコンピューター回線を通じて世界中に伝わる
(2) 自分のできることから始めよう
(3) 手当たりしだいに探す

P.7

3

(1) 自分の意見ばかり主張している
(2) 必要以上のエネルギーを消費しない努力
(3) ピアノの練習を続け
(4) すばらしい野球選手

4

(1) 目に見えないもののけが引き起こす
(2) 水星・金星・火星・木星・土星
(3) 祖父母、父、母、姉、そしてぼく
(4) ① 兄 ② 弟

一章 説明文 1 指示語 基本問題③

P.8

1

❶ 事件（「狙撃」でも正解。）
❷ 単なる情報
❸ ① 試験観測の初画像 ② 鮮明な天体像
❹ 長所と短所 知ること

P.9

2

❶ 腕によりをかけて豪華な弁当を作ろうとする
❷ 報道されなかった 報道された 重要な
❸ ① 自分の存在 視覚的に認められない ② 真の闇
❹ コーンちゃんが手ですくったおかゆを、ひょいと男の子の口もとに近づけ、食べさせてやった

一章 説明文 ❶ 指示語 標準問題

P.10

1

(1) 自分の抱いているイメージ

(2) 例 砂漠といえば、「果てしない銀色の砂の海」を思い描く

(3) ③ イ ④ ウ ⑤ ア

解説 ③は筆者が思い描《えが》いていた砂漠《さばく》の「果てしない銀色の砂の海」のイメージ、④は、筆者のイメージとはちがうが、「砂の海」の部分、ということ。⑤は「石ころだらけ…」だった実際のサハラの、ということ。

(4) 新しいイメージ 誕生

解説 前の段落に体験した具体的内容が書かれている。それは抱《いだ》いていたイメージが裏切られた体験である。

P.11

2

(1) 室根山 大漁旗

解説 「それ」は「意外な光景」であり、山に海の大漁旗がひるがえったことを指す。

(2) 室根山

(3) ブナ、ミズキなどの落葉広葉樹

(4) 漁民 植林

(5) **イ**

解説 「そのため」に「うれしいことが起こり始めた」とあることに注目しよう。「室根村の人たち」が、植林をきっかけに注意してきたのはどういうことかを読み取ろう。**イ**は、今までは放置していたが、「今年からは片づけるようにしました。」とあるので、誤りである。

一章 説明文 ❷ 接続語 基本問題①

P.12

1

確認 ★ A ア B ウ

① イ ② ア ③ ウ ④ ア

P.13

2

① イ ② イ ③ イ ④ ウ

一章 説明文 ❷ 接続語 基本問題②

P.14

1

① 運動会 連合運動会

② あいまい 明確

P.15

2

① (1) 貧弱 貧弱 (2) イ

② (1) 難点 弱点 (2) ウ

P.16

1

(1) ウ

解説 「食い違《ちが》っている」から、「落胆《らくたん》と失意の旅」になるので、順接の接続語である。

(2) イ

解説 「樹木があるかもしれない」し、「菌《きん》が見つかるかもしれない」とあるので、対比・選択《せんたく》の接続語が入る文脈である。

(3) イ

解説 □の前後で別の話題になっていることに注目しよう。

(4) イ

解説 □のあとで、「命の綱《つな》」とはどういうことかを説明していることに注目しよう。

(5) イ

解説 □の前では、情報が知識と誤解されやすいという考えが述べられ、あとで、コンピュータとネットワークの存在を、その例として挙げている。

(6) ア

解説 □の前で、「どんな天体であったのか」という疑問を提示し、あとでは、「どのようにして形成され、進化してきたのであろうか」という疑問を加えていることに注目しよう。

P.17

2

A イ　B イ　C ア　D ウ

解説 Aの前後は逆の内容になっている。Bは、「調整、消灯」または「撤去《てっきょ》」という関係である。Cのあとでは、前に述べた事柄《ことがら》に別の条件が加わるなら、というただし書きを付け加えている。Dのあとの文の「～からである」に注目しよう。理由を述べている。

P.18

1

(1) つまり

(2) B エ　D イ

解説 Bの前では、「胸に描《えが》いていたイメージ」と「実際の遺跡《いせき》」とが食い違《ちが》っていると述べ、あとでは、「落胆《らくたん》と失意の旅」と述べている。前に述べたことに対する当然の結果があとに続くので、**エ**が入る。Dは写真を友人に見せたら、一見して「言った」と続くので、**イ**が入る。

(3) ① 実際の遺跡　② イ

解説 Cの前は、「やるせない」、あとでは「思い直して～いいきかせる」ので、「けれども」などの逆接の接続語になる。

P.19

2

(1) A エ　B イ

解説 Aの前では、マスメディアが出来事を「選択」して伝えていると述べ、Aのあとでは、それだけでなく、「加工」もしていると付け加えている。

また、Bのあとでは、「報道のしかた」の例が挙げられている。

(2) 加工　報道のしかた

解説 「問題は～ことにあります。」という文の構造に注目する。「そして」の前後に問題が二点述べられている。

(3) い

解説 入れる文の「もう一つの典型は」に注目する。「一つの典型を、わたしは『鳥瞰《ちょうかん》情報型』とよびます。」として、その内容が「～鳥瞰図のように報道するものです。」までに述べられている。このことをとらえると、(い)に入ることがわかる。

(4) イ

解説 「あるいは」は、いくつかの事柄を列挙したり、どれかを選択したりする場合に使われる。**ア**は、説明を補足し、**ウ**は、前の結果が述べられている。

一章 説明文 3 内容の理解 基本問題①

P.20

確認 ★ ① 他と区別できる違いがはっきりしていないもの

② すがたかたちが定まらないもの　（順不同）

P.21

1 判断　根拠

2 明るい不思議な大宴会

3 (1) 心理的な間

解説 日本人特有の空白地帯（＝間）という文脈から、五字の言葉を探す。

(2) B イ　C ア

解説 「深謀《しんぼう》」の意味は「深い考えをもったはかりごと」である。

一章 説明文 3 内容の理解 基本問題②

P.22

1 初め　自然　終わり　思想

2 (1) 共有性の保証人　地球村を支える屋台骨　（順不同）

(2) 共有

解説 マスメディアが出来事を共有できる形で伝えているからこそ、わたしたちもそれらの出来事を共有することが可能という文脈をおさえる。

P.23

3 (1) 知識と経験

解説 筆者は、問題に直面したとき、「自分一人」と「全員」の何を用いて解決すると述べているのかを読み取る。

(2) 協力　解決

解説 社会に出たときの問題解決の仕方を述べている部分に注目する。

4 実験　専門分化　文科系　分断

解説 筆者は、科学の専門分化と並行《へいこう》して、理科系と文科系の分野がばらばらになってしまっている文化の現状について言及《げんきゅう》している。

一章 説明文 ❸ 内容の理解 標準問題

P.24

1

(1) 日本古来の音曲

解説 2段落目の「それにひきかえ」のあとに注目する。

(2) A イ　B ア

解説 Aは「息を継《つ》ぐ暇《ひま》もなく」てどうなのか、Bは「音の絶え間というものがいたるところにあって」どうなのか、ということを考える。

(3) 音の絶え間

(4) 沈黙　日本の音曲

解説 (2)でおさえたように、モーツァルトは「沈黙《ちんもく》を恐《おそ》れ」たかのように思える一方、日本の音曲《おんぎょく》には音の絶え間があるということ。

P.25

2

(1) 知識

(2) 「観る」という行為

解説 ——線②を含《ふく》む文の初めの「いわば」に注目する。「眼《め》の記憶《きおく》」とはどういう記憶なのかを、前の文で具体的に述べている。

(3) 眼の記憶・手の記憶・身体の記憶（順不同）

解説 筆者は、過去の記憶は知識だけではなく、「　」を付けた三つの記憶などの総合として残されると考えている。

一章 説明文 ❹ 段落の要点と文章構成 基本問題①

P.26

確認 ★ ［1］ リスク　［2］ 製造会社　消費者

1 ［1］ 情報　［2］ うれしくなる　遊び

P.27

2 ❶ ［1］ ウ　［2］ ア　❷ ［1］ ウ　［2］ イ

解説 ［1］段落には「感受性」を高めるためにどうするか、［2］段落には「批評する言葉」をためて、言葉の力を育てていくために必要な二つのことが述べられている。

一章 説明文 ❹ 段落の要点と文章構成 基本問題②

P.28

1 ［1］ 特異な天体　［2］ 質量比

2 ［1］ 供給　［2］ 森　腐葉土　海

P.29

3 ❶ ［1］ 生態系　［2］ 絶滅　影響

❷ ［1］ 動揺する　だいじなもの　［2］ ものを考えさせる

解説 暗い夜の意義について、［1］で述べた意見を、［2］でさらに補強している。

一章 説明文 ❹ 段落の要点と文章構成 基本問題③

P.30

1

(1) コーンちゃん　食べさせてやった

(2) 他人への思いやり

(3) イ

解説 4段落では、3段落で述べた驚《おどろ》きがさらに分析《ぶんせき》して述べられていることを読み取ろう。

P.31 **2**

(1) ウ

(2) 文字　臨場感

(3) ア

解説 1・2段落を受けて3段落があるが、テレビと新聞のどちらが優《すぐ》れているかは書かれていないので、**イ**は誤り。また、テレビと新聞の得意とする表現法を述べているだけではないので、**ウ**も誤りである。

一章 説明文 4 段落の要点と文章構成 標準問題

P.32 **1**

(1) イ

(2) 最良の場所　マウナケア山

(3) ア

解説 3段落の初めの「また」に注目しよう。2段落に加えて述べられた段落であることから、2・3段落を一つにした**ア**が答えとなる。

P.33 **2**

(1) 特異　衝突

(2) 地球を知る　月探査

(3) ア

解説 筆者は1段落で述べた仮説について、2段落で「〜楽しみだ。」、3段落で「〜思い出してみてほしい。〜見えるかもしれない。」と、自身が考えたこと・読者への提言を述べている。

一章 説明文 5 筆者の意見と要旨 基本問題①

P.34 確認 ★ 考える能力

P.35 **1** シラスウナギ　川

2 ウ

解説 **ア**は第二段落の初めの部分、**イ**はそれに続く部分の内容である。筆者の意見としては最後の二文が重要なので、**ウ**が正しい。

3 イ

解説 筆者は、文章の最初にあるように「人との語り合いの重要性」について述べていて、自分と違《ちが》う立場の人との語り合いを重視している。**ア**は、「同じ立場の他者」が誤り。**ウ**は、「多くの人々の意見に従う」が誤り。

一章 説明文 5 筆者の意見と要旨 基本問題②

P.36 **1** ア

2 イ

解説 筆者は、私たちが情報社会を生きていて、メディアの発する情報が「世の中を理解するうえで中心的な役割を果たし、私たちの考え方や価値観の形成、物事の選択《せんたく》において」影響《えいきょう》を与《あた》えていると述べている。

P.37

3 イ

解説 筆者は、ソーシャルメディアの登場によって、「半径五メートルのニュース」、つまり、身近な出来事が発信可能になったと述べている。

4 ウ

解説 情報と意味の関係を正確にとらえたものは**ウ**。**ア**は、「言葉の情報」を「固定したもの」としているのが誤り。**イ**は、「だれもが同じ情報の意味を得る」が誤り。

一章 説明文 ❺ 筆者の意見と要旨 標準問題

P.38

1

(1) ア

(2) イメージ　非現実的（「のよう」を入れても正解。）

解説 直後の文に「それは彼《かれ》にとっては、〜のように思われたのだ。」とあることに注目しよう。

(3) 自分の抱いているイメージ

解説 人は自分のイメージで対象を見ていて、現実に見たものが自分のイメージどおりだったらそれが現実だと思うのである。このことが、6行目の「つまり〜」という一文に説明されている。

P.39

2

(1) 情報源　主体的

解説 設問の文は、——線に続く部分をまとめたものである。

(2) A イ　B ア

解説 Bは、あとに「メッセージを送り出すための」とあるので、「送り手」とわかる。

(3) メディア・リテラシー

解説 筆者は、情報社会に生きる私たちにとって、何を身につけることが必要かを第二段落で述べている。

(4) イ

一章 説明文 たしかめよう 完成問題①

P.40

(1) イ

解説 テレビを見て現地のことがわかったと言っているので、テレビが最も現場の様子を伝えていると考えていることから、**イ**が正解とわかる。

(2) わけもなく涙が出てくる

解説 〝目頭が熱くなる〟は、感動して涙《なみだ》ぐんでくる、という意味の慣用句。

(3) a ア　b イ　c イ

解説 冒頭《ぼうとう》の会話から「百聞は一見にしかず」というのがテレビ派、「涙が出てくる」というのが体験派の言葉とわかる。cには、胸を打つ話をした体験派が入る。

P.41

(4) 決定的瞬間を見逃したくないという未練

解説 もしテレビを消して、大事なシーンが見られないと残念だ、という「未練」の気持ちである。

(5) ウ

解説 ジャン・ボードリヤール氏の言葉に注目しよう。

(6) 例 テレビの画面が隠す現実を見透かす鋭い眼を持っていなければならないということ。

解説 指示語の内容は前の部分にあることが多い。

一章 説明文 たしかめよう 完成問題②

P.42

(1) 近代の人間

解説 ——線部の直前に「活字文化によって」とあるので、活字（文化）について述べているところを探す。「近代の人間は、……活字の方が……高級であるという考え方にとらわれている。」とある。

(2) エ

解説 □の前後に「めいめいそういう点のような思考をふりまく」、「いろいろな種類のアイデンティティの星のかがやく夜空のようだ」とあるので、**エ**がふさわしい。

P.43

(3) ウ

解説 筆者は本を読むこと、ひとりごと、おしゃべりなどの「具体例」や「星のかがやく夜空のようだ」などの「比喩《ひゆ》表現」を用いて論を展開している。**ア**の「倒置《とうち》」、**イ**の「一貫《いっかん》して敬体」、**エ**の「五音や七音」は用いられていない。

(4) 例 乱読の内容が、意識下にある関心と偶然に結びつくことをおもしろいと感じ、新しい発見をすること。（四十六字）

解説 第二段落に、「これが……セレンディピティである。」とあるので、直前の第一段落に「セレンディピティ」とはどのようなことかが、述べられている。「読む側の頭に眠《ねむ》っていた関心」を「意識下にある関心」と置き換《か》えて、文章をまとめる。

二章 小説 1 場面をとらえる 基本問題①

P.44

確認 ★ 時 十一月　場所 丘

登場人物 祐太

できごと 祐太　絵

1

(1) どこ…上野公園に古くからある西洋料理店

誰…ルロイ修道士

(2) 春

解説 「桜の花はもうとうに散って、葉桜にはまだ間があって」とあることに注目しよう。

P.45

2

(1) 寛政

(2) ① 喜助　② 弟殺し

(3) ① 羽田庄兵衛

② 神妙　逆らわぬ　こびる

解説 「喜助《きすけ》の様子を見るに、……態度ではない。」の部分に書かれている。

二章 小説 1 場面をとらえる 基本問題②

P.46

1 (1) 担架　韋駄天走り　息せききって

2 (1) デッキ
(2) そっと手で
(3) かついでいる

P.47

3 (1) ア
解説 第二段落の「憲兵」という言葉などから捉《とら》える。
(2) 大きな声　静かに
解説 母は、まず、静かにするように――線①の動作で示し、そのあとで、言葉で伝えている。
(3) イ
解説 「目の保養」「耳の保養」などと使われるときの「保養」は、楽しみや安らぎのこと。
(4) イ
解説 母は、「若い人の笑い声は、聞いてて気持ちええわ」と言っている。大きな声を出せない世の中だけれど、若い人の未来は、明るいものであってほしい、と思っている。

二章 小説 1 場面をとらえる 基本問題③

P.48

1 (1) 文四郎　ふく（順不同）
(2) その声で、～くまった。
解説 〝見ればあいさつをする〟という態度が変わって、よそよそしくなった様子が書かれている部分を探そう。

2 (1) ルントウ　子供の頃の思い出
(2) イ

P.49

3 (1) そっけない態度　心当たり
(2) 「そんなこ
解説 「その話」をしたときの小和田逸平《おわだいっぺい》の言葉が先に書かれている。その言葉からが回想である。

4 私…ア　ルントウ…イ
解説 「私は口がきけなかった」とあるので、ウの「話が尽《つ》きないでいる」という様子ではない。

二章 小説 1 場面をとらえる 標準問題

P.50

1 (1) 例 模擬テストの結果が出た
(2) 東山だけは
(3) 顔色が変わった
(4) ウ

P.51

2 (1) ① 例 戦死の公報が来て、遺品が墓に葬られていた長兄が現れたから。（二十九字）
解説 〝戦死したはずの長兄が現れたから〟という内容が書かれていれば正解。
② 土蔵の二階の明かり窓の下で芥川龍之介を読んでいた
(2) 一範兄さん

解説　「入り口に立ちはだかっていた」とあるので、死んだはずの長兄のことだとわかる。字数の指定があることに注意しよう。

(3)　まぶたを細くすぼめていた

解説　——線③は、おどろきで目を見開いていた様子である。これと対照的な目の表情について描写《びょうしゃ》されているところを探そう。

(4)　おどろき

解説　兄が生きて戻《もど》ったことの「喜び」よりも「おどろき」が勝《まさ》っていたのである。

二章 小説　2 心情を読み取る　基本問題①

P.52

確認

★ 心情が直接表される　寂しさ（「寂しい」も正解。）

心情が間接的に表される　孤独

1

(1)　名残惜しい気はしない

(2)　イ

(3)　たまらなく悲しい

P.53

2

(1)　痛さ　重さ

(2)　それがど

解説　「思い」とあるので、由美《ゆみ》が茂《しげる》に対して、どんな感情でいるかがわかる部分を探そう。直接的な言葉で表現されている。

3

(1)　甘い匂う

(2)　イ

解説　「甘《あま》い匂《にお》うようなささやき」が聞こえてきたあとの気持ちであることに注意しよう。「空が膨《ふく》らんでいるように思えた」のは、由美の心も膨らむような気持ちだったからだと考えられる。

二章 小説　2 心情を読み取る　基本問題②

P.54

1

(1)　人工的（「無個性」でも正解。）　無表情　偽物

(2)　怒り　僕は僕でありたい

(3)　ウ

解説　「僕」は仮面に疑問を感じているので、**ウ**はあてはまらない。

P.55

2

(1)　寒さ　空模様　冷たい風　鉛色　活気　わびしい

(2)　ウ

解説　わびしい村々の様子に寂寥《せきりょう》を覚えているのだから、**ア**や**イ**のような前向きの感情ではない。

(3)　故郷　寂寥　別れ　楽しい

二章 小説　2 心情を読み取る　基本問題③

P.56

1

(1)　イ

解説　直後に「事の重大さに胸をどきどきさせながら」とあるのに注目しよう。「息を止める」という慣用表現の意味（驚《おどろ》きのあまり、息を止めること。）がわからなくても、前後の文脈から「僕《ぼく》」の心情が推測で

きる。

(2) 例 寂しそうで、悲しみさえたたえているが、とても美しい。

解説 彼女《かのじょ》の素顔《すがお》については、――線②の直後の二文に書かれている。

(3) ① 僕と同じ側にいる人間

② イ

解説 「僕《ぼく》」は仮面を外す彼女のことをとがめる気にもならず、自分と同じ考えだと思い、「初めて同類に会えたのだ。」というのだから、この出会いに感動を覚えているのである。

P.57

2

(1) ア

解説 「僕はグランドに背を向け……」や、「僕はかまわず歩き続けた」などに、「僕」が徹也《てつや》に腹を立てている気持ちが表れている。

(2) 別人　かけ声　重苦しい

(3) イ

解説 徹也が、「話がある」と言って「僕」の前に回り込《こ》んで、見つめた様子から考えよう。

二章 小説 ❷ 心情を読み取る 標準問題

P.58

1

(1) いちばん臆

解説 同じことを心の中で言っている部分『何かを始める時の自分が、いちばん臆病《おくびょう》で、そしていちばん勇《ゆう》敢《かん》だ。』に注目する。

(2) イ

解説 直後の「手応え」「感触《かんしょく》」に合う言葉を選ぶ。

(3) ア

解説 先頭を泳いでいることが分かり、勢い余っていることから喜びが感じられる。時間の流れを考えると、**イ・ウ**は誤り。

(4) ウ

解説 「とうとう」からは、「やりとげた」という感じが伝わってくる。

P.59

2

(1) ① 父親は「しっか

② イ

解説 父親は辺りを見回して「わしは逃《に》げる。」と言っている。このままここにいたら、二人とも命を落とすと考えたのである。

(2) 逃げ出した　間の悪い

(3) ア

解説 「こんな対面」の父親と少年の二人それぞれが複雑な思いでいることを読み取ろう。ほかに方法がなかったとはいえ、自分を捨てて逃げた父親の行動は、少年を傷つけたであろう。

二章 小説 ❸ 人物像をつかむ 基本問題①

P.60

確認 ★ 人物の置かれた状況　女手一つ

P.61

1 登場人物の言動・関係　再婚

・浜松　横浜　武蔵野　教師（「教員」でも正解。）

・悟

・のんびり屋

2 (1) 堅苦しい

(2) 叔母

(3) 寡黙　敬愛

3 (1) 肝臓の具合

(2) 茂　浜松の実家

二章 小説 3 人物像をつかむ 基本問題②

P.62

1 (1) F中野球部

(2) もの心ついた　キャッチボール

(3) イ

解説 ——線②より前の部分にも、「ぼく」が一範《かずのり》兄の野球についてきいたとき、「一蹴《いっしゅう》された」とある。何かわけがあって、兄たちは一範兄の野球の話題をさけたのである。

P.63

2 (1) ① 監督官　木づち　たたき潰した

② 日曜日は休ませてほしい

解説 「カトリック者は日曜日の労働を戒律《かいりつ》で禁じられている」ので、ルロイ修道士はこのように申し入れたのである。

③ 例 心の底では日本人を憎んでいるので、気をつけるべき人物だ。

(2) 優しかった　泥だらけ

二章 小説 3 人物像をつかむ 基本問題③

P.64

1 (1) ① 石像

② ア

解説 「まるで石像のように」という比喩《ひゆ》表現に注目しよう。ルントウは、首を左右に振《ふ》って、現在の境遇《きょうぐう》が厳しいものであることを説明している。

(2) 昼飯　品物　くれてやろう

(3) でくのぼう

解説 「でくのぼう」とは、役に立たない人間のこと。

P.65

2 (1) 高瀬舟の牢領

(2) 遊山船にでも乗ったような顔

(3) 喜助

(4) 高瀬舟　弟　楽しそう　悪人

解説 庄兵衛《しょうべえ》は、喜助《きすけ》の顔を見て不思議な思いでいる。それは、喜助が罪人でありながら、楽しそうな様子であることに納得《なっとく》がゆかないからである。

二章 小説 3 人物像をつかむ 標準問題

P.66

1 (1) 例 やまかがしに指をかまれたから。

（「やまかがし」は「蛇《へび》」でも正解。）

(2) ア

(3) イ

解説 「手を文四郎《ぶんしろう》にゆだねて」などから、ふくは文四郎に素直《すなお》に従っていることを読み取ろう。

(4) ア・ウ（順不同）

解説 蛇《へび》の毒からふくを守ろうとする様子や、「心配するな。それに武家《ぶけ》の子は…」という言葉などから、文四郎の人物像を読み取ろう。

P.67 **2**

(1) 祐太

(2) 例 眼つきが鋭く鼻の頭がぶつぶつになっているから。

(3) ア・ウ（順不同）

解説 「ゴジラ爺《じい》」は祐太《ゆうた》にとって「あまり好きな感じはなかった」存在である。

(4) ・不思議な老人　・威張った老人（順不同）

二章 小説 4 表現に注意する 基本問題①

P.68 確認

★ 擬音語 ハハハッ　笑い飛ばす

直喩法（明喩法） 背負ったみたいに

擬態語 しゃんと　伸びて

P.69 ▼

(1) イ

(2) どんどん　すぐそこまで

(3) イ

(4) ウ

二章 小説 4 表現に注意する 基本問題②

P.70 **1**

(1) イ

(2) 海辺で耕作

(3) ウ

(4) 松の幹のような手

解説 直喩《ちょくゆ》は「〜ような」などの言葉で表現されることを覚えておこう。

P.71 **2**

(1) A イ　B ア　C ウ

解説 前後の文脈からとらえる。

(2) ウ

解説 「病人の手でも握《にぎ》るように」とある。

(3) お別れの儀式

解説 「いとまごい」の意味は、「別れを告げること」。

(4) ア

解説 擬態語《ぎたいご》や直喩の多用があるのではなく、語り手が自問自答している様子が描《えが》かれている。

二章 小説 4 表現に注意する 標準問題

P.72 **1**

(1) 半ば消え入

(2) ウ

解説 直美《なおみ》のことを思うと鼓動《こどう》が「切なげ」に聞こえ、生きてほしいと強く思うのである。

(3) 聞こえないはずの音

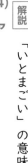

P.73
2
(4) ア
(1) キャッチボール　会話
(2) ア
(3) イ
解説 「会話をしているような気分」とあるので、「ぼく」は実際に会話をしているわけではない。
(4) まるで何か

二章 小説 5 主題をとらえる 基本問題①

P.74
確認
★ イ
解説 繰《く》り返されている「どれほど～か分からなかった」という言葉に注目して、「信頼《しんらい》」「脅威《きょうい》」という言葉を引き出す。

P.75
1
(1) イ
(2) 驚異
2 ア
3 十五　徹也　百　直美　約束

二章 小説 5 主題をとらえる 基本問題②

P.76
1
(1) 警察　仮面　素顔
(2) 彼女　仮面
(3) 素顔同盟
解説 川の上流には、素顔《すがお》で暮らしている集団があると、「僕《ぼく》」はうわさで聞いていたのである。
(4) イ
解説 彼女《かのじょ》に声をかけなかったことを後悔《こうかい》していた「僕」は、今度こそ、「ためらいもなく」自分の信じる道を進もうと思ったのである。

P.77
2
(1) 死ぬ　天国
(2) イ
解説 前後の文脈に注目しよう。「わたし」に「本当に天国がありますか。」と問われて答えたのである。ルロイ修道士は「そのために、……神様を信じてきたのです。」と言っていることにも注目しよう。
(3) にぎやかな天国
(4) イ
解説 「わたし」は自分で自分をしかっているのである。**イ**の「ルロイ修道士へのうらみ」はあてはまらない。

二章 小説 5 主題をとらえる 標準問題

P.78
1
(1) 若さ　死んだ
解説 「それだった」の「それ」の内容は、同じ段落に書かれている。
(2) ① 友人たち一人一人
② 戦争には勝
解説 直後の部分に、じいちゃんと「同じことを考えたと思う」とある。

(3) イ

解説 最後の段落に「平和の申し子、和男《かずお》。」とあるのに注目する。

P.79

2

(1) ① 心 隔絶 ② 一つ心

(2) ② 香炉と燭台 ③ 新しい生活

(3) ア

解説 地上には、もともと道があったわけではなく、歩く人がいて道ができたのである。それと同じで、希望も、希望をもつ人が多くなれば、実現に向かうのだということ。

二章 小説 たしかめよう 完成問題①

P.80

(1) 神様がこしらえた野球

解説 「先輩《せんぱい》」が「つまんない野球」をやめて、どんな野球をやろうと言ったのかに注目しよう。

(2) ① ウ ② 自分のためだけに野球をしない

解説 文章の最後の方の冷泉《れいぜい》の言葉に注目しよう。「自分のためだけに野球をしない人間になればいい……」と言っている。

P.81

(3) ア

解説 直後の「いつも後になって、分かる……」に注目しよう。野球のすばらしさも「先輩」の病状も、後で分かったのだ。**ア**の内容は書かれていない。

(4) 例 茂が父親を誇りにしているということ。

解説 文末の句点を忘れないように注意する。

(5) イ

解説 由美が、「すみませんでした。何も知らないで。」と言っていることに注目しよう。試合に出られない茂《しげる》をふびんに思って冷泉を訪ねたのだったが、冷泉の話を聞いて、夫の悟《さとる》の思いや冷泉の気持ちを知って、いたたまれなくなったのである。

二章 小説 たしかめよう 完成問題②

P.82

(1) ア

(2) 例 皆が自分たちを大事に思って待っていてくれたので、感動した（二十八字）

解説 ――線③の前後に注目する。「クラスの連中は、ハァちゃんたちが怒《おこ》られるのを『いい気味だ』くらいに思っているだろうと想像していた」のに、「クラスの全員が待っていてくれて、……皆《みな》がバンザイをしてくれた」ことに、ハァちゃんは感動している。

P.83

(3) エ

解説 先生が「子どもたちと厚い信頼《しんらい》関係を築こうとして色々と働きかけ」ているわけではないので、**ア**は誤り。**イ**の「優《やさ》しく受け入れようとする先生の姿」、**ウ**の「大人に頼《たよ》らずに問題を解決しながら互《たが》いの信頼関係を築いていく子どもたちの力強さ」も誤り。
エの「好奇心《こうきしん》をくすぐられるような遊び（＝秘密基地）」、「大人（＝高先生と校長先生）に見まもられながら」、「きずなを育んでいく子どもたちの姿（＝クラスの皆の反応）」があてはまる。

三章 随筆 筆者の体験や思いを読み取る 基本問題①

P.84

確認 ★ 筆者の置かれた状況の把握 戦争 負けた
筆者の思いの把握 びっくり

P.85

1 (1) て使った。
(2) すごさ すばらしさ

2 (1) しかたがない
(2) （ごく）あたりまえ

3 (1) さまざまな
(2) ・よしよし ・うんうん（順不同）

三章 随筆 筆者の体験や思いを読み取る 基本問題②

P.86

1 (1) もともと
(2) 心のこめ方

2 (1) サラダ 記念日（順不同）
(2) 恋の気持ち 輝き

P.87

3 (1) ① ことばを使う
② 心の筋肉

解説 直後に説明されていることに注目。「心の筋肉」という隠喩《いんゆ》が用いられている。

(2) ことば
(3) 心 ことば
(4) **イ**

解説 筆者は、豊かな心には豊かなことばが詰《つ》まっている、と考えていることをおさえよう。愛する人からの「ことばの花束」のプレゼントは、そこに心が詰まっているからなによりうれしいのである。

三章 随筆 筆者の体験や思いを読み取る 標準問題

P.88

1 (1) インタビュー
(2) 話を続けた
(3) **イ**

解説 二人は納得《なっとく》いくまで話し続け、インタビューが終わってからも、「まだ」話し続けた、という文脈である。

(4) **ウ**

P.89

2 (1) 寒くてひもじかった
(2) ・小声 ・優しい瞳
(3) **ウ**

解説 ――線③の前後をよく読もう。「ありがたかった」、「涙《なみだ》がスープの…」「さりげない親切」などから、**ウ**の「みじめさ」はあてはまらない。

(4) 例 ・フランスを嫌いになることはないという思い。
例 ・人類に絶望することはないという思い。

三章 随筆 たしかめよう 完成問題①

P.90

(1) まるで石のように微動だにせず

(2) 先生の声が

(3) ・私 ・クニコ

P.91

(4) エ

(5) ウ

解説 「日本非難の矢面《やおもて》」に立たなかったことで「子供の部分」が救われたのである。子供としては、非難されたり、除外されたりするようなつらいことは避《さ》けたいのである。

(6) 例 ・国際関係の複雑な絡み合いを解明していく仕事につきたいということ。
例 ・平和の追求に関わる仕事につきたいということ。

三章 随筆 たしかめよう 完成問題②

P.92

(1) ア

(2) エ

(3) と同時に

解説 「たとえを用いて表した一文」とあるので、第一段落の「と同時に、～まるで自分の血のように身体の中に脈打っているのを感じてもいた。」という直喩《ちょくゆ》を用いた一文に注目する。

P.93

(4) イ

解説 4段落の最後で、「人々の示したのは一種寡黙《かもく》な感動……暗黙の了解《りょうかい》がお互《たが》いの間を満たしているかのようだった。」と述べているのに注目する。**ア**の「単調な日常作業から解放」、**ウ**の「労働のつらさに耐《た》えながら」、**エ**の「口に出したり身体に現したりしてはいけない」とは述べていない。

(5) 自分の作品

解説 2段落に、「試作に携《たずさ》わったすべての人々にとっての自分の作品であったのかもしれない。」とあるところから引き出す。

四章 詩 1 詩の種類・表現技法 基本問題①

P.94

確認 ★ 詩の種類 口語自由詩
この詩に用いられている表現技法 体言止め

1 (1) 文語詩
(2) 定型詩 文語定型詩

P.95

2 (1) 口語自由詩

解説 文語自由詩であれば、例えば「待ってゐた」は「待ちゐたり」などの文語で表されている。

(2) 倒置法

(3) 擬音語

(4) 嵐　比喩表現

四章　詩　1 詩の種類・表現技法　基本問題②

P.96
1
(1) みどり　青葉（順不同）
(2) 死と焔
(3) ① 反復法　② 対句法
(4) こもれ　したたれ（順不同）

P.97
2
(1) 口語自由詩

解説　現代の話し言葉で書かれ、各行の音数に決まりがないので口語自由詩である。

(2) イ
(3) ① 直喩　② イ
(4) エ

四章　詩　2 詩の鑑賞　基本問題①

P.98
確認
★ 様子をとらえる　僕　鉄棒　一回転
心情をとらえる　おお　ああ　ア
主題にせまる　ア　イ

P.99
(1) 君
(2) われ　君
(3) ア
(4) イ→エ→ア→ウ

四章　詩　2 詩の鑑賞　基本問題②

P.100
1
(1) 蜂　水　出てくる
(2) 雲　花　衣装
(3) エ

P.101
2
(1) 言葉　天であるか　表現技法　反復法
(2) 物理的　抽象的　神々　人間の知恵　高み
(3) ア

解説　詩の中の言葉と鑑賞《かんしょう》文を対応させて考えよう。「その果実」は「秋になって熟《う》れていく果実」であり、「天」とは「人の知恵のとどかない神秘」と対応しているので、**ア**が答えとわかる。

四章　詩　3 俳句　基本問題①

P.102
確認
★
(1) 初句切れ
(2) 天の川

1
(1) 切れ字　初句切れ
(2) 季語　秋
(3) 木々　体言止め

P.103
2
(1) 六　五　七　五
(2) 椿　春
(3) けり　句切れなし

3
(1) 万緑　夏
(2) や　中間切れ

(3) 咳　自由律俳句

四章　詩　❸ 俳句　基本問題②

P.104

1

(1) A（季語）雪　（季節）冬

B（季語）すすき（季節）秋

(2) けり

(3) いくたびも

解説　作者は、病床《びょうしょう》にあって雪の様子を見られないもどかしさから、何度も家族に雪の深さを尋《たず》ねているのである。

(4) ① すすき　② はらりと（「はらり」でも正解。）

(5) 自由律俳句

P.105

2

(1) かな

(2) 夏

(3) どの子にも

(4) 季語

解説　季語が入ること、五・七・五の定型であることを「有季定型」という。

(5) イ

四章　詩　たしかめよう　完成問題①

P.106

1

(1) 初

(2) 花火

(3) ウ

解説　「花火」はウの「大蛍《おおぼたる》（蛍）」と同じ夏の季語である。アの季語は「たんぽぽ」で春、イは「八十八夜」で春、エは「蜜柑《みかん》・枯野《かれの》」で冬の季語である。

(4) はじめの音

(5) 例 夜空いっぱいに広がった花火の色や音、そしてそれを見て楽しんでいる人々の姿。（三十七字）

解説　花火が上がって開いた瞬間《しゅんかん》の色や音、花火を見ている人々のことは詠《よ》んでいないが、その光景が想像できる句である。

P.107

2

(1) 口語自由詩

(2) イ

(3) 食わずには

解説　□の直後の「生きてこれなかった」は一行目の「生きてゆけない」と同じような意味であることから「食わずには」が入るとわかる。

(4) 私の目にはじめてあふれる獣の涙。

解説　直接心情を表す言葉はなく、最後の行に気持ちがこめられていることを読み取ろう。

(5) イ

解説　「メシを……金もこころも」までに注目。これらをみんな犠牲《ぎせい》にして「食わずには生きてこれなかった。」のである。

P.108

四章 詩 たしかめよう 完成問題②

▼
(1) 口語自由詩
(2) エ
解説 アの「言いきりの表現」、イの「文語的な表現」、ウの「定型の力強いリズム」がこの詩の表現にあてはまらない。
(3) 仲立ち
解説 「虻《あぶ》」は第一連では「虫や風」にあたることに注目する。「虫や風」の働きを考えよう。

P.109

(4) ウ
(5) ウ
解説 生命《いのち》はお互《たが》いに支えあいながらこの世に存在していると作者は考えていることをとらえよう。

書いてみよう
例 「生命は自分自身だけでは完結できない」という言葉にはっとした。だれかに支えられていることを意識せずにいたことに気づかされた思いだった。(六十七字)

P.110

五章 古典 1 歴史的仮名遣い 基本問題①

確認 ★ ① あわれ ② におい ③ えほん ④ おかし
1 ① かわら ② つかい

P.111

③ いう ④ かえす ⑤ こおり ⑥ いのしし ⑦ えちご ⑧ かおる
2 ① いじ ② いずみ
3 ① かいせき ② がいぶん
4 いっとき
5 ① こうべ ② しゅうか ③ ようがい ④ ぞうり
6 ① 散るらん ② 参りなん

P.112

五章 古典 1 歴史的仮名遣い 基本問題②

1
1 ① ようよう ② やまぎわ
2 ① かかく ② ゆきこう（※「ゆきかう」も可。）

P.113

3 ① えよう ② いっすい ③ まず ④ きたかみがわ
4 ① いう ② とってかえし ③ いわお ④ とじて ⑤ はいて ⑥ じゃくまく
5 ① なお ② おもいやれば ③ わびあえる ④ わたらん ⑤ さるおりしも ⑥ いお

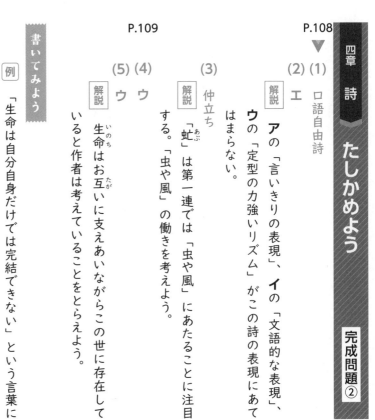

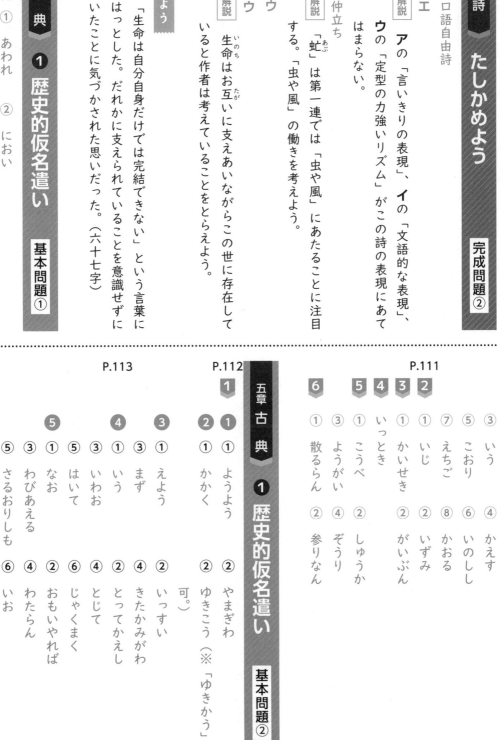

五章　古典　❷ 古文の読解　基本問題①

P.114
確認
★ 古語の意味　永遠　旅人
古文特有の表現　舟の上　馬のくつわ　馬子
表現技法　年　舟の上に生涯を浮かべ

P.115
▼
(1) わたし　旅
(2) 春　霞　白河の関
（「春」と「霞」は、順不同）
(3) ア　イ　エ（順不同）
(4) 春　わびしい　華やかな

五章　古典　❷ 古文の読解　基本問題②

P.116
1
(1) 経堂　光堂（順不同）
(2) 金の柱霜雪に朽ちて
(3) とっくに～るはずが
(4) 五月雨　夏　光堂

P.117
2
(1) イ・エ（順不同）
(2) イ
解説　古語「いと」は古文によく出る言葉。意味はよく問われるので、覚えておこう。
(3) 尼そぎ　目　髪　物
(4) ウ

五章　古典　❸ 和歌の鑑賞　基本問題①

P.118
確認
★ 句切れと調べ　四句
表現技法
(1) 香具山　体言止め
(2) 倒置法
(3) 枕詞

P.119
1
(1) 二句
(2) 梅
(3) ぞ
2
(1) 柳かげ　係り結び
(2) 三句切れ　七五　体言止め

五章　古典　❹ 漢文の読み方　基本問題①

P.120
確認
★
(1) 大器　晩成
(2) 待た
(3) 富士山　登る

1
(1) 曰　己
(2) 欲　所
(3) 施
(4) 子曰はく、「己の欲せざる所は、人に施すこと勿かれ。」と。

P.121
2
(1) 思ヒテ　而　不レバ㆑　学バ
(2) 学びて思はざれば則ち罔し。
3
(1) 而

(2) また楽しからずや。

(3) 不㆓亦君子㆒ナラ乎。

五章 古典 5 漢詩を読む 基本問題①

P.122

1 確認

★漢詩の形式 四 五言絶句

(1) 七言絶句

(2) 孟浩然

解説 黄鶴楼《こうかくろう》を去っていく孟浩然《もうこうねん》を、李白《りはく》が見送っていることをおさえよう。

(3) 表現技法…ア
誰《だれ》…李白

P.123

2

(1) イ

(2) ① 城 ② イ

(3) 別れを恨んでは鳥にも心を驚かす

解説 3行目と対句《ついく》になっていて、組み立てが同じであることに気づけば、書き下しも容易である。

(4) 国 家書 白頭

五章 古典 たしかめよう 完成問題①

P.124

1

(1) a まず b すぐって

(2) イ

(3) ① イ ② 兼房

解説 語注にある「義臣」の名前を曾良《そら》の句の中から探す。

(4) さても義臣

解説 「夏草や…」の俳句は、「夏草が生いしげっている。ここは昔、藤原《ふじわら》三代が栄華《えいが》を極め義経《よしつね》らが戦った所だが、その栄華も今は夢のようである。」という意味である。この情景を具体的に表した文を探そう。

P.125

2

(1) 幸くあれ

(2) イ

(3) 三

解説 「かげもなし」でいったん意味が切れる。

(4) F

(5) ① A ② F ③ E

解説 ①の「月」を歌っているのはAのみ。②は「馬に乗った」「雪」から、Fとわかる。③の「陽気」は「ひかりのどけき春の日」のことである。選択肢《せんたくし》の言葉にあてはまる表現を歌の中に見つけることが、歌の説明や、鑑賞文《かんしょうぶん》を選ぶコツである。

五章 古典 たしかめよう 完成問題②

P.126

1

(1) イ

解説 全体が四行なので絶句で、一行が七字である。

(2) エ

(3) 霜如㆑シ雪ノ

(4) われはたきぎをひろはん

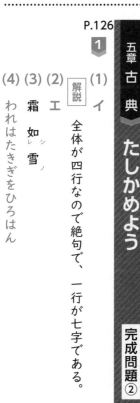

(5) ウ

解説 一・二行目で、同じような友達がいると言っていることに注目しよう。

《現代語訳》

言うのはやめなさい、他郷《たきょう》で（学ぶの）は苦しく辛《つら》いことが多いと。／ここには、互《たが》いの着物を貸し合う友がいて、仲良くなるのだから。／明け方に粗末な扉《とびら》から出れば、霜が雪のように（真っ白に）降りている。／君は水を汲《く》んできなさい、私は薪《たきぎ》を拾ってこよう。

P.127

2

(1) ウ

(2) 梅　あるじ

(3) エ

解説 「是《これ》なんあるじ」と言った人物が問われている。作者が訪ねた人物が外出中だったので、留守を守る男に「主人の代わりに梅の花がわたしを迎《むか》えてくれる」と作者が言ったのである。

(4) うしないて

(5) 草の戸

(6) イ

書いてみよう

例 わたしはバラ、特に真紅のバラが好き。なぜなら、色がきれいで、香りがいいし、気品があると思うからだ。

（四十九字）

2406R6

③秋の句

朝顔に釣瓶《つるべ》とられてもらひ水　加賀千代女《かがのちよじょ》

季語 朝顔

句意 朝顔が釣瓶に巻きついて花を咲《さ》かせている。つるを切るのもかわいそうな気がして隣《となり》に水をもらってきたことだ。

鑑賞 やさしさのあふれる句である。

補足 「釣瓶」は、井戸の中におろして水をくみあげるおけ。

名月を取ってくれろと泣く子かな　小林一茶《こばやしいっさ》

季語 名月

句意 夜空には中秋《ちゅうしゅう》(旧暦《きゅうれき》八月十五日)の名月。あの月を取ってくれと背中の子供《こども》がしきりに泣くことよ。

鑑賞 子供のあどけなさと、その子供に対する作者の愛情が感じられる。

表現 「かな」は切れ字。

補足 旧暦の一～三月は春、四～六月は夏、七～九月は秋、十～十二月は冬に分類される。

柿《かき》食へば鐘《かね》が鳴るなり法隆寺《ほうりゅうじ》　正岡子規《まさおかしき》

季語 柿

句意 寺の前の茶店で柿を食べていると、法隆寺の鐘が鳴り響《ひび》いてきたことだ。

鑑賞 美しい秋の情景に、風情《ふぜい》ある鐘の音が響きわたる様子が想像できる。

④冬の句

蒲団《ふとん》着て寝《ね》たる姿や東山《ひがしやま》　服部嵐雪《はっとりらんせつ》

季語 蒲団

句意 冬の夕暮れ、京都《きょうと》の町から見たなだらかな東山の姿は、まるで蒲団をかけて寝ている姿のようである。

鑑賞 山のりょう線を、蒲団をかけて寝ている様子にたとえたところがおもしろい。

表現 「や」が切れ字。

冬蜂《ふゆばち》の死にどころなく歩きけり　村上鬼城《むらかみきじょう》

季語 冬蜂

句意 冬まで生き残った蜂が、すでに飛べなくなり、まるで死に場所を探して、歩き回っているようである。

鑑賞 哀《あわ》れな冬蜂の姿を冷淡《れいたん》に描《えが》いているが、その思いは痛切である。

表現 「けり」は切れ字。

⑤自由律俳句

せきをしてもひとり　尾崎放哉《おざきほうさい》

句意 風邪《かぜ》を引いて寝こんでいるが、せきをしても自分一人しかいない。

鑑賞 一人でいるさびしさが、短い言葉でずばりと表現されている。

表現 五・七・五の定型にとらわれずに、自由に詠《よ》まれている。